Wilfried Hagemann

Freundschaft mit Christus

VERLAG NEUE STADT
MÜNCHEN · ZÜRICH · WIEN

Die Umschlagabbildung ist der bearbeitete Ausschnitt einer koptischen Ikone aus dem 6. Jahrhundert, die sich im Louvre befindet: Christus legt seinen Arm freundschaftlich auf die Schulter eines koptischen Priesters namens Menas. Ermutigt durch die Beziehung mit Christus kann dieser segnen.

2012, 1. Auflage der vollständig überarbeiteten Neuausgabe
© Alle Rechte bei Verlag Neue Stadt GmbH, München
Gestaltung und Satz: Neue-Stadt-Grafik
Druck: Memminger MedienCentrum, Memmingen
ISBN 978-3-87996-939-5

Jesus sagt:

Ihr seid meine Freunde,
wenn ihr tut, was ich euch auftrage.
Ich nenne euch nicht mehr Knechte;
denn der Knecht weiß nicht, was sein Herr tut.
Vielmehr habe ich euch Freunde genannt;
denn ich habe euch alles mitgeteilt,
was ich von meinem Vater gehört habe.

Nicht ihr habt mich erwählt,
sondern ich habe euch erwählt
und dazu bestimmt,
dass ihr euch aufmacht
und Frucht bringt
und dass eure Frucht bleibt.

Dann wird euch der Vater alles geben,
um was ihr ihn in meinem Namen bittet.

Dies trage ich euch auf:
Liebt einander!

Aus dem Johannesevangelium (15,14–17)

Vorwort

*E*twas bewegt bin ich schon, dass eine aktualisierte und gründlich überarbeitete Neuausgabe meines Buches „Freundschaft mit Christus" veröffentlicht werden kann. Sie verdankt sich vielen Nachfragen und der Offenheit des Verlags Neue Stadt für dieses Projekt. Beflügelt hat mich auch, dass Papst Benedikt XVI. das Thema Freundschaft mit Christus immer wieder in den Fokus einer zeitgemäßen christlichen Spiritualität stellt: „Dieses Geschöpf Mensch ist doch so klein im Weltall; es kann doch gar nicht sein, dass Gott uns einzeln kennt, sich für uns interessiert. Aber nein, er hat uns – die Knechte – zu Freunden gemacht. Aber worin besteht diese Freundschaft? Wie wird sie praktisch gelebt?"[1] Genau diesen Fragen will dieses kleine Buch nachgehen.

Die Freundschaft mit Gott wird heute von vielen gesucht; sie ist fast so etwas wie ein „Sonder-Angebot" des Christlichen. In der Freundschaft, die Christus anbietet, findet die immer neu aufbrechende Sehnsucht nach etwas, das den Durst unseres Herzens stillt, eine Antwort. Es ist eine Freundschaft, die nicht einengt, sondern in die Freiheit und Verantwortung entlässt. Und es ist eine Freundschaft, die trägt.

1 Joseph Ratzinger in der Predigt bei einer Priesterweihe in Sant'Ignazio/Rom am 10.10.1996.

Die Freundschaft mit Christus drängt von innen her zur Gemeinschaft, zum lebendigen Austausch mit Freunden in Gemeinde und Kirche. Das Thema Kirche bewegt ja viele. Wo die Freundschaft mit Christus lebendig wird, dort erschließt sich ein Raum, in dem auch Organisations- und Strukturfragen von Kirche und Gemeinde kraftvoll und zukunftsorientiert angegangen werden können.

Die Freundschaft mit Christus verbindet Christen aller Konfessionen. Je mehr sie gelebt wird, desto mehr finden wir auch zueinander in einer Einheit, die sich aus der Vielheit nährt und den Reichtum verschiedener Traditionen erfahrbar macht.

Nicht zuletzt setzt die Freundschaft mit Christus neue Kräfte frei, den drängenden und bedrängenden Fragen unserer Zeit nicht auszuweichen, sondern sich ihnen konkret und entschlossen zu stellen. Gerade dort, wo diese Freundschaft gemeinsam gelebt wird, wächst eine ausdrückliche „Zeitgenossenschaft": Die Herausforderungen von heute sind ja auch die Herausforderungen derer, die auf Jesu Spuren gehen möchten. Er an unserer Seite drängt, verantwortlich zu handeln, sich gesellschaftlich und politisch zu engagieren, Polarisierungen zu überwinden – auf dem Hintergrund der Erfahrung, dass alles Tun und Leben von der unermesslichen Nähe Gottes umfangen ist. Diese Aspekte können auf den folgenden Seiten nicht weiter ausgeführt werden; sie sind gewissermaßen ein neuer Abschnitt, der nach der Lektüre im Leben weiterzuschreiben ist.

Mein Dank gilt den vielen, oft jungen Menschen, deren Suchen und Fragen, Nachdenken und Leben sich in diesem Buch niedergeschlagen hat. Zahllose Gespräche und Momente des offenen Austauschs liegen diesen Seiten zugrunde.

Besonderen Dank schulde ich Chiara Lubich, der 2008 verstorbenen Gründerin der Fokolar-Bewegung. Sie hat mein geistliches Leben entscheidend geprägt; ihre Spiritualität der Einheit schimmert an vielen Stellen dieses Buches durch.

Dankbar verweise ich auf das Nachwort von Herbert Lauenroth, einem der Fokolar-Verantwortlichen im Ökumenischen Lebenszentrum Ottmaring. Dort hat das Zentrum für Spiritualität (ZSP) seinen Ort, das für Priester, Diakone, Seminaristen und andere Interessierte offen ist und an dessen Entwicklung ich mitbeteiligt bin. In einer turbulenten und unübersichtlichen Zeit möchte es dazu beitragen, Jesus, den Freund, nicht aus dem Auge zu verlieren.

Schließlich danke ich Stefan Liesenfeld für die feine Art, mit der er die Neuauflage betreut hat.

Vor allem aber danke ich dem, von dem dieses Buch handelt: Ich danke Jesus für seine Freundschaft, seine Nähe, sein – manchmal erst im Nachhinein erkanntes – Mitgehen.

Am Fest der Erscheinung des Herrn 2012
Wilfried Hagemann

Inhalt

* * *

Wege zur Freundschaft mit Christus

Suchen

Staunend freue ich mich immer wieder, dass es jemanden gibt, der einfach da ist, ohne Wenn und Aber, unzerstörbar. Er ist eines Tages an mir vorübergegangen, und sein Schatten ist dabei auf mich gefallen.

Lange hatte ich ihn gesucht. Ich sehnte mich nach Leben, nach Liebe, nach etwas, das bleibt, nach jemand, für den es sich lohnte zu leben. Lange traute ich diesen Wünschen nicht; ich scheute mich, ihnen nachzugehen. Verbarg sich dahinter, so fragte ich mich, vielleicht nur ein überhöhter Selbsterhaltungstrieb? Waren es bloße Projektionen, Verlängerungen von viel banaleren Wünschen? Gott – ein Produkt menschlicher Sehnsucht, wie manche meinen? Allein der Verdacht lähmte mich und belastete die Unbefangenheit des Gebets und der Freude. Weitere Fragen beschäftigten mich: Ist die Welt nicht doch rein wissenschaftlich erklärbar? Brauchen wir überhaupt einen Gott? Und wenn es ihn gibt, fragt er denn nach mir? Woher weiß ich, dass andere Weltanschauungen nicht doch recht haben? Ich musste zugeben, dass auch das Leben eines Atheisten etwas bringt; es kann selbstlos sein ohne einen Gott, ohne Aussicht auf Belohnung, einfach dem Guten hingegeben, das sich gerade zeigt. Mache ich mir – mit einem Gott – das Leben nicht zu leicht?

Es ist verführerisch, nicht mehr zu glauben, ohne Gott zu leben – und damit den Ballast, den die Kirche durch ihre Geschichte mit sich schleppt, abzuschütteln. Und doch blieb das Suchen in mir. Vielleicht war es einfach Treue, die mich trotz allem bei der Kirche hielt. Immer wieder neu habe ich mich entschieden, bei ihr zu bleiben und ihre Gebete mitzubeten. Aber ich musste ehrlich eingestehen, dass ich nicht viel verstanden hatte: Gott war mir im Grunde fremd, er war mir fern geblieben. Trotzdem – oder gerade deshalb? – betete ich zu jenem Gott, den Abraham kannte, zum Gott Isaaks und Jakobs, zum Gott der Väter. Ich betete zum Gott der Kirche. Ich betete zum Gott Jesu Christi. Ein entscheidender Schritt, wie mir später aufging! Ich versuchte Gott nicht mehr durch mein Denken, Grübeln, Fragen, Abwägen zu erreichen. Der Schauplatz meiner Gottsuche war nicht mehr das Nachdenken, sondern das Leben anderer Menschen: Ich schaute mir an, wie sie mit Gott umgingen. Ich sah hin und lebte sozusagen ein Stück ihrer Erfahrung mit.

Gott Abrahams – das hieß für mich: einen Weg gehen. Abraham erfuhr, dass ein Unbekannter ihn führte, durch die Wüste zwar, aber in neues

Land (vgl. Gen 12,1). Abraham lernte Gott kennen – nicht durch Denken, sondern durch Gehen. Ich sagte mir, dass auch ich gehen und die Augen meines Inneren auf diesen Unbekannten richten sollte. So bin ich losgegangen und habe den Unbekannten gesucht. Viele dunkle Gedanken lösten sich langsam auf. Die Gottessehnsucht wurde dabei stärker. Und ich fand den Mut, aus mir herauszugehen und das Gespräch mit anderen Menschen zu suchen. Ich begann zu ahnen, dass hinter den Geschichten von Abraham, Isaak und Jakob eine ganz besondere Erfahrung steckte: Da ging es um eine wirkliche Beziehungsgeschichte, um ein Geschehen, das Gott und die Menschen gemeinsam betrifft.

Meine Ahnung wandelte sich immer mehr in Staunen, als ich in neuer Weise auf Jesus aufmerksam wurde. Ich kannte ihn durch den Religionsunterricht, durch Predigten und Gespräche. Aber es war etwas ganz Neues für mich zu entdecken, wie andere Menschen mit ihm lebten: wie mit einem, der lebt, der da ist, der mitten unter ihnen ist. Ich hatte Jesus in der Vergangenheit vermutet und unbewusst vieles, was er gesagt hatte, als Sache der Vergangenheit abgetan. Hier aber war das Gegenwart! Ich begegnete einer ungewohnten Offenheit, einem geduldigen, aufmerksamen Hinhören, einem lebendigen Einsatz: Etwas von der Präsenz Gottes leuchtete auf. Ich staunte: Ja, er ist da; es gibt einen Weg zu ihm …

Viele, auch junge Menschen, wissen nicht, dass sie eine Gotteserfahrung hatten. Gott bleibt für sie ein namenloses Wesen. Manche kennen ihn zwar „von anderen her", trauen sich aber nicht, selbst von ihm oder gar von einer Gotteserfahrung zu sprechen. Wenn allzu menschlich von ihm geredet wird, so wie es etwa die Bibel, das heilige Buch der Christen, tut, dann kommt das vielen vor wie ein Märchen.

Doch die Bibel scheut sich nicht, von Gott in menschlichen Bildern zu sprechen. Zum Beispiel, wenn es heißt, der Herr gehe vorüber (das Hauptfest der Christen und Juden, Ostern, heißt übrigens mit seinem eigentlichen Namen Pascha oder Pessach: Vorübergang des Herrn [vgl. Ex 12,1]). Die Erzählungen der Bibel wollen den Blick genau dafür schärfen: Gott, der Herr, kommt; er geht an mir, an uns vorüber, er ist uns ganz nahe. Gott ist „im Kommen". Er ist nicht wie ein Ding, das immer am gleichen Platz liegt. Er ist in Bewegung. Unentwegt geht er auf uns zu. Manchmal entzieht er sich auch; er zeigt sich nicht immer. Der Mensch kann mit Gott nicht einfach machen, was er will. Und Gott drängt sich nicht auf: Er möchte vom Menschen gesucht werden.

Manchmal wird uns erst hinterher bewusst: Da ist Gott dabei gewesen; da war *er* im Spiel!

Vielleicht kommt man darauf, wenn man das Leben im Zusammenhang betrachtet. Vielleicht war es das Wort eines Freundes, das meine innere Leere plötzlich wieder mit Tiefe und Sinn erfüllt hat, oder das Dasein für einen Menschen, der unsere ganze Hingabe brauchte. Auch auf diese Weise können wir die Nähe Gottes erfahren.

Die Betroffenheit, dass etwas in uns in Bewegung geraten ist, kann ein Indiz sein, dass Gott zugegen war, dass er sozusagen „im Vorübergehen" die Bewegung verursacht hat.

Dies kann zum Beispiel in Grenzsituationen geschehen, wenn alles zu Ende zu sein scheint: wenn sich trotz allem urplötzlich Hoffnung Bahn bricht und sich doch ein Weg auftut. Wer sich auf die Verheißungen der Bibel einlässt, beginnt zu ahnen: Da ist Gott vorübergegangen, der Schöpfergott, der selbst im Nichts des Todes dem Menschen neues, endgültiges Leben versprochen hat.

Auf den gleichen Herrn kann ein Mensch stoßen, wenn er die Fülle des Lebens erfährt, etwa wenn ein Fest die ganze Freude der Familie erschließt, wenn die vollendete Harmonie in der Musik oder ein Kunstwerk eine Ahnung göttlicher Ordnung und tiefem Eingebundensein in eine uns liebend umfangende Wirklichkeit vermitteln. In solchen Momenten gerät der Mensch in eine besondere Nähe Gottes. Die Bibel ermutigt uns, solche Schlüsse zu ziehen: Sie rechnet ständig damit, dass Gott „durch unser Leben geht", dass er bei uns vorbeikommt. Es gibt viele Menschen, die ihn vorübergehen sahen. Es gibt viele Menschen, auf die sein Schatten gefallen ist.

Staunen über Gott

Immer wieder kann ich nur staunen über diesen Gott, der noch im Angesicht des Todes Leben verheißt, Leben schenkt. Wir sind nicht allein. Auch nicht an einem kalten Wintertag, an dem ein verstorbener Freund, ein uns nahe stehender Mensch ins gefrorene Erdreich gebettet wird. Solche Erfahrungen sind hart; in ihnen kommen die unausweichliche Härte, die Kälte und Einsamkeit der Welt zum Vorschein. Alles Lebendige, alles Vitale, alles Bewegliche wird einmal tot sein, erstarrt und kalt. Doch da ist das große, göttliche Aber: Gott will das Leben! Jesus hat Worte gesagt, die Wärme spenden, die Gemeinschaft stiften, die Zuwendung schenken. Wenn ich auf ihn blicke, geht mir auf, dass ich allzu oft nur nach unten geschaut habe …

Doch der Herr ist da in meinen Traurigkeiten, er will, dass ich lebe, auflebe. Ich kann frei atmen. Ich kann nicht anders, als ihm staunend zu danken.

Du bist da.
Du hast Raum für mich.
Weil du da bist, bin ich da,
weil du da bist, kann ich leben.
Du erfüllst mich mit Staunen:
Ich staune, dass du da bist für mich!
Ich ahne, dass du da sein willst für jeden Menschen.
Vor mir liegen Welten,
an die ich nie gedacht hätte:
Du bist vor mir.
In allen Richtungen bist du da:
vor mir,
hinter mir,
neben mir,
über mir,
unter mir.
Danke, Herr, dass du da bist.
Danke, dass ich da sein darf.
Danke, dass wir da sind.

DIE ANGST ZULASSEN

Vieles bricht in einem Menschen auf, der staunend Gott begegnet. Auch seine bisherige Geschichte kommt ihm neu in den Blick. Die Reaktionen sind sehr unterschiedlich. Der eine spricht über seine Eindrücke und Gedanken, der andere ist zurückhaltender und verspürt womöglich eine undefinierbare Angst: Werden die anderen mich verstehen? Er fürchtet, nicht ernst genommen zu werden und fühlt sich stärker denn je auf sich selbst zurückgeworfen.

Vieles kann in der Seele aufbrechen. Statt Sicherheit können sich Unsicherheit, Ängste und neue Zweifel melden. Zudem macht sich der Wille bemerkbar, mich zu behaupten und anerkannt zu sein. Je nach Veranlagung überwiegt das eine oder das andere Gefühl.

Manche brechen den Weg mit Gott schon an dieser Stelle ab – ehe er richtig begonnen hat. Es überfällt sie eine unbestimmte Angst, die scheinbar durch Gott ausgelöst wird. Da ziehen sie sich lieber zurück und rollen sich ein: Sie meiden in Zukunft die Gelegenheit zu tieferen, religiösen Erfahrungen, um noch einen Rest ihres alten Glaubens zu retten. Doch so tritt der Glaube auf der Stelle und wird starr – und mit ihm der Mensch.

Abrahams Weg ging durch die Wüste. Auch wir müssen Wüsten durchqueren, wenn wir in unserem Glauben nicht auf der Stelle treten und selbst innerlich erstarren wollen. Es kann die Wüste unserer Ängste sein, durch die wir hindurch müssen. Wenn wir sie zulassen, kommen wir weiter. Glauben heißt auch, mit unseren Ängsten zu leben.

Wie bei einem Brunnen, der tiefer gebohrt wird, alles Mögliche an die Oberfläche gespült wird, kommen mit der zugelassenen Angst eine Menge Lebenserinnerungen ins Bewusstsein. Vieles aus der Kindheits- und Lebensgeschichte kommt hoch. Wenn einer in dieser Phase mitgeht, kann seine innere, menschliche Struktur neu geformt werden. Er lernt sich selbst besser kennen, er kommt selbst in Bewegung, es kommen die tieferen Schichten seiner Seele zum Klingen. Es ist wie bei besagtem Brunnen: Nach dem Schmutzwasser kommt schließlich das klare, frische Wasser zum Vorschein. So ist die Angst Vorläuferin für das Vertrauen und die Freude, bis sich eines Tages jenes spontane Staunen neu einstellt, von dem bereits gesprochen wurde.

Solche Phasen brauchen Begleitung. Regelmäßige Aussprachen tun gut – mit jemand, der selbst auf dem Weg des Glaubens schon eine gewisse Strecke zurückgelegt hat, mit einem erfahrenen Seelsorger oder geistlichen Begleiter. Diese werden nicht so sehr Ratschläge geben, sondern vor allem zuhören: immer wieder zuhören und Mut machen, den eigenen Weg zu finden. Je besser es dem Menschen gelingt, sich so auszusprechen, dass er alles hergibt, was ihn belastet, desto mehr wird es ihm geschenkt werden zu verstehen, was er selbst tun kann.

Viele meinen, Ängste passten nicht zum Christsein. Ein Christ müsse heldenhaft sein! Wirklich? Mich beeindruckt Jesus in seiner Todesangst am

Ölberg: Er war wirklich ganzer Mensch – bis in diese abgründige Angst hinein!

In der Französischen Revolution wurde eine ganze Schwesterngemeinschaft aufs Schafott geschleppt. Sie wollten die Freundschaft mit Jesus nicht verraten; lieber gingen sie in den Tod. Eine Schwester bekam solche Angst, dass sie sich vor lauter Zittern nicht halten konnte. Da trugen die Mitschwestern sie mit nach oben aufs Schafott … Die Dichterin Gertrud von Le Fort beschreibt diese Karmelitin in dem Buch „Die Letzte am Schafott" als vollwertige Christin: Auch im Durchleben der Todesangst steht sie in der Nachfolge Christi.

Angst darf sein. Den Glaubenden erkennt man an der Art, *wie* er mit der Angst umgeht. Wer sich seiner Angst stellt, wer sie annimmt und durchlebt, kann auf seinem Weg vorankommen. Er reift als Mensch und als Christ.

Mit Fragen leben

Manche Menschen sind unbequem, weil sie Fragen stellen. Oft erleben sie, dass andere nicht hinhören oder nicht hinhören wollen. Und dennoch: Es *gibt* immer wieder neue Fragen, die so noch nicht gestellt wurden und auf die es zumindest noch keine Antwort gibt.

Wer sich auf den Weg macht und Gott sucht, wird selbst vor Fragen geraten, die er noch nie hatte und die er nicht gleich beantworten kann. Es ist weder gut, sie zu verdrängen, noch, sich lediglich mit diesen Fragen zu beschäftigen. Beides führt nicht weiter. Dabei können die Fragen sehr hilfreich sein, ja sie können einen ersten Schritt auf Gott zu ermöglichen: Ich kann nämlich Gott meine Fragen und Probleme sagen. Ich kann sehen, ob in der Erfahrungsfülle der Heiligen Schrift jemand auf ähnliche Fragen gestoßen ist. Gerade in den Psalmen werden viele Fragen von Glaubenden, Ringenden und Suchenden aufgegriffen. In Psalm 42, der mir selbst in einer Zeit des Ringens sehr lieb geworden ist, heißt es etwa:

„Wie der Hirsch lechzt nach frischem Wasser,
so lechzt meine Seele, Gott, nach dir.
Meine Seele dürstet nach Gott,
nach dem lebendigen Gott.
Wann darf ich kommen
und Gottes Antlitz schauen?
Tränen waren mein Brot bei Tag und bei Nacht;
denn man sagt zu mir den ganzen Tag:
‚Wo ist nun dein Gott?'
Das Herz geht mir über, wenn ich daran denke:
wie ich zum Haus Gottes zog in festlicher Schar,
mit Jubel und Dank in feiernder Menge.
Meine Seele, warum bist du betrübt
und bist so unruhig in mir?

Harre auf Gott; denn ich werde ihm noch danken,
meinem Gott und Retter, auf den ich schaue."

(Ps 42,2–6)

Wir sollten uns von vornherein darauf einstellen, dass wir Fragen haben, die wir nicht lösen können. Wir sollten mit der Frage leben wie mit einer offenen Wunde – und bis auf Weiteres das einzig Notwendige tun: Gott und den Nächsten lieben; Gott lieben, indem wir den Nächsten lieben. Elemente einer Antwort auf unsere offenen Fragen, Ansätze zu einer Problemlösung stellen sich mit der Zeit womöglich fast wie von selbst ein. Und die Gelegenheit, mit anderen die eigenen Fragen zu besprechen, wird sich immer wieder finden. Wenn ich so mit meinen Fragen umgehe, dann blockieren sie mich nicht.

Ja, noch mehr: Ich erlebe mich vor Gott als fragendes Wesen. In der Frage komme ich weit über mich selbst hinaus. Die lästigen Glaubensfragen erweisen sich als echte Möglichkeit, Gott zu begegnen und ihn tiefer kennenzulernen, allein deshalb, weil ich immer mehr nach ihm frage. Gerade die erste Phase ist öfter gekennzeichnet durch Unsicherheit im Glauben, durch Gottesferne und seelisches Dunkel. Aber vielleicht wenden wir uns in Zeiten des Glaubensdunkels intensiver an den Herrn als in Zeiten, in denen es uns leicht fällt zu glauben.

In alten „Beichtspiegeln", die bei der Vorbereitung auf den Empfang des Sakraments der Versöhnung helfen sollten, wurde der Zweifel als Sünde gewertet. Das aber ist sehr ungenau. Der willentliche Zweifel ist wohl gemeint, wenn einer ohne Grund alles infrage stellt und durch das Suchen des letzten Haares in der Suppe ständig in kritischer Distanz bleibt. Wer aber Fragen hat und ihnen nachgeht, weil sein eigenes Leben und wohl auch der Herr selbst ihn zum Fragen herausfordern, der wird als Mensch wesentlich offener, er wird wachsen und reifen.

Man kann es bedauern, dass viele Menschen „frag-los" leben wollen. Je mehr einer ehrlich fragt, desto mehr wird er auf Gott stoßen, der mit ihm reden möchte.

Fragen wir uns einmal, über welche Probleme wir normalerweise klagen, was uns im Leben belastet. Daran können wir erkennen, ob wir uns immer nur mit uns selbst beschäftigen oder ob wir nach einem tieferen Sinn und vielleicht sogar nach Gott fragen.

Gemeinschaft entdecken

Viele Menschen beklagen die anonyme digitalisierte Welt, in der sie leben müssen. Zahlen und Nummern bestimmen unseren Alltag. Mit Nummern wird bestellt, telefoniert; alle persönlichen Angelegenheiten werden computergerecht erfasst, maschinell verarbeitet. Der Arbeitsprozess steuert die menschlichen Beziehungen. Wie es dem Einzelnen geht und ob er im persönlichen Leben zurechtkommt, spielt nur dann eine Rolle, wenn die Arbeit darunter leidet. Warum jemand arbeitet – etwa, um mit anderen tätig zu sein und sich dadurch zu verwirklichen –, danach fragt kaum jemand.

Als Menschen möchten wir nicht allein leben; eigentlich suchen wir andere Menschen. Wir sind offen für andere, die wir nicht als Leistende und Anbietende brauchen, sondern als Gefährtinnen und Gefährten. Wir suchen Menschen, die mitgehen. Menschen, die die Gefahren und Freuden mit uns teilen. Menschen, denen wir alles sagen können. Das ist die tiefste Bestimmung des Menschen: offen sein für andere. Viele Worte, viele Handlungen sind indirekte Signale, mit denen wir unsere Sehnsucht nach „dem anderen" ausdrücken.

Das oft unbewusste Streben nach dem anderen kann zu einer bewussten Haltung werden: Ich erkenne, dass ich den andern brauche und dass er mich braucht. So kann ich den Schritt tun, nicht nur den andern zu suchen und ihn dabei ständig auf mich zu beziehen, sondern wirklich für ihn da zu sein, seine Interessen und Wünsche zu erkennen und zu beachten. Ich entdecke darin eine neue Freiheit, die mir vorher noch nicht so klar war: *Ich kann für andere da sein.*

Je mehr ein Mensch seine Freiheit als Chance versteht, den anderen zu suchen und für dessen Freiheit zu leben, desto mehr wird sein eigenes Leben dynamisch, oft einem wahren Abenteuer gleich. Immer neue Menschen geraten in seinen Blick; das Leben zeigt sich von immer neuen Seiten. Scheuklappen, die den Blick einengen, fallen ab: zum Beispiel die übermäßige Fixierung auf die Arbeit – oder auch auf die eigene Ruhe und Bequemlichkeit, auf Kosten der Beziehung zu den Mitmenschen. Oder man beginnt zu verstehen, dass die Nöte und auch die Freuden anderer nicht mehr einfach ausgeblendet werden können. Aus der Suche nach dem anderen als Ergänzung für mich wird die Entdeckung, dass ich wichtig bin für den anderen und dass ich für ihn da sein soll.

Besonders deutlich zeigt sich dies in einer ehelichen Partnerschaft: Bis ins Leibliche hinein wird die gegenseitige Beziehung erlebt und gestaltet. Und gerade in dieser tiefen menschlichen Erfahrung begreifen die Partner, dass sie mit ihrer Suche nie ans Ende kommen. Ja, es meldet sich eine Sehnsucht, die über alle noch so erfüllende menschliche Beziehung hinausgeht. Nicht erst der Tod des geliebten Menschen legt die Sehnsucht nach einem ganz Anderen frei. Schon *in* der Liebe von Mann und Frau meldet sich die Frage nach der ewigen Liebe. Die menschliche Liebe ist offenbar Abbild einer Ur-Liebe, die der

Mensch am Anfang nur ahnt. Er erfährt sich als ein offenes Wesen, als ein fragendes Wesen, das ein Gegenüber braucht. Auch Mann und Frau, eins geworden in der Liebe, spüren, dass sie ein Gegenüber brauchen. Gerade in der tiefen Gemeinschaft von Freundschaft und Ehe erfahren sich Menschen offen für ein anderes Gegenüber, erfahren sie sich offen für Gott.

Wir suchen eben nicht nur Gefährtinnen oder Gefährten. Wir suchen jemand, der immer mit uns geht, einen Freund, auf den wir uns unbedingt und überall, ja über den Tod hinaus verlassen können.

Kommt nicht daher diese ganz tiefe Freude, die einen überwältigt, wenn man dieses Gegenüber erfährt? In vielen Gesprächen, die ich geführt habe und führe, schwingt die heimliche Frage mit: „Hast du etwas davon erfahren? Kannst du mir etwas darüber sagen?"

Schritte auf dem Weg zu ihm

Viele Menschen sind unzufrieden, weil sie keine Zeit haben. Sie fühlen sich sehr leicht überfordert; innere Ruhe und Ausgeglichenheit sind ihnen nicht gegeben. Die Arbeit, die Anforderungen von außen legen sich wie ein ständiger Druck auf die Seele. So geht es Schülerinnen und Schülern, so geht es Auszubildenden und erst recht Menschen in verantwortlicher Stellung. Druck, Hektik und Stress lasten auf vielen, oft auf Kosten der Gesundheit, der Familie und der eigenen Nerven. Viele fragen sich insgeheim oder auch offen: Leben wir nur noch für die Arbeit? Wofür leben und arbeiten wir eigentlich? Was haben wir noch vom Leben? Verschärfend kommt heutzutage der wachsende, geradezu abwegige und doch so schwer abzuschüttelnde „Freizeitstress" hinzu.

Es gibt auch das andere Problem: Nicht wenige Menschen, etwa arbeitslose Jugendliche, haben relativ viel Zeit zur Verfügung. Aber sie sind dennoch unzufrieden; denn ihre Zeit ist unausgefüllt. Sie wissen oft nicht, was sie mit der Zeit anfangen sollen. So suchen sie alle möglichen Zerstreuungen – im Konsum, manchmal auch im Alkohol. Am Ende haben auch sie keine Zeit, die sie eigenverantwortlich gestalten könnten: Auch sie sind von einer eigenartigen Hektik erfasst.

Einige junge Leute, die für ein paar Tage in einem Benediktinerinnenkloster mitlebten, beobachteten, dass ihnen ein neues Verhältnis zur Zeit geschenkt wurde. Sie merkten auf einmal, dass sie Zeit hatten. Sie machten die Lebensordnung der Klosterfrauen mit: Aufstehen bei Sonnenaufgang, Morgengebet, Zeit zur Besinnung, Frühstück, längere Arbeitszeit, Mittagsgebet, Essen, Ruhe, längere Arbeitszeit, Gebet zum Sonnenuntergang, Abendessen, Erholung, Nachtruhe. Sie meinten, in diesem Kloster eine neue Art der Zeiteinteilung gelernt zu haben.

Vielleicht müssen wir alle heute neu lernen, mit der Zeit umzugehen. Die Dinge, die wir tun, müssen eben nicht nur erledigt werden; wir müssen uns gleichzeitig überlegen, *wie* wir sie tun. Wenn ich das Gefühl habe, keine Zeit zu haben, dann weiß ich, dass ich Sklave der Arbeit geworden bin, abhängig von äußeren Ansprüchen, von außen gesteuert. Ich spüre sofort, dass ich unzufrieden werde. Was kann ich tun, um die innere Freiheit wiederzuerlangen?

Nicht immer und nicht von heute auf morgen kann ich an meinen Aufgaben und den Anforderungen an mich etwas ändern. Auch Zusagen, die ich gemacht habe, kann ich nicht so einfach

„canceln". Aber ich kann für die Zukunft lernen. Und immer kann ich an meiner Einstellung etwas ändern. Ich kann mir selbst sagen: Diese Arbeit möchte ich aus Liebe tun. Aus Liebe zu Gott, zu Jesus. Und weil ich Gott liebe, möchte ich auch den Nächsten lieben. Ganz bewusst rufe ich mir in Erinnerung, dass ich alles aus Liebe und in Liebe tun möchte. Das verändert mich mit der Zeit. Es holt mich heraus aus einer konsumorientierten Einstellung. Ich bin mehr bei mir selbst, wenn ich nicht um mich kreise, sondern in einer Haltung der Liebe und Hingabe lebe.

Mir fällt auf, dass ich in meinem Tun oft nur Objekte vor mir sehe, mit denen oder an denen ich zu arbeiten habe, ganz gleich, ob es sich um Dinge oder Menschen handelt. Das ist jetzt zu erledigen; der ist jetzt „abzufertigen". Wenn ich hingegen in einer Haltung der Liebe bin, dann suche ich die Beziehung zu meinem Gegenüber. Ich nehme die anderen als Menschen, als Subjekte wahr. Und in den Aufgaben, die vor mir liegen, entdecke ich Bezugspunkte, Verbindungslinien zu anderen Menschen. Ich lebe gewissermaßen mit ihnen. So wird meine Zeit zu einer erfüllten Zeit, erfüllt von der konkreten Liebe zu den Menschen. Und diese Haltung bringt mich – über den Kontakt mit anderen Menschen – oft wie von selbst in Kontakt mit Gott.

Jeder Tag hat 24 Stunden, jede Stunde hat 60 Minuten, jede Minute 60 Sekunden. Unser Leben besteht aus vielen „Augenblicken". Nur in diesem jetzigen Augenblick bin ich wirklich da. Die Vergangenheit ist nicht mehr, die Zukunft steht noch aus; nur dieser eine Augenblick ist da, ich bin nur in diesem Augenblick da. Fehler von gestern, Erfolge von gestern wirken zwar nach, aber nur diesen jetzigen Augenblick kann ich wirklich gestalten. Wenn ich diesen Augenblick in Liebe gestalte, mit ganzem Herzen und ganzem Verstand, dann tue ich alles, was ich *jetzt* tun kann. Ich bin dann kein passiver Konsument oder überaktiver Hektiker, sondern ein Mensch, der ganz bei dem ist, was gerade dran ist, einer, der aus Liebe arbeitet oder der aus Liebe lernt, einer, der auch das Ausruhen, vielleicht gar eine Zeit des Krankseins in eine Gelegenheit zu lieben „verwandelt". Auch die Art und Weise, wie wir konsumieren, unser ganzer Lebensstil kann Ausdruck von Liebe sein: Ausdruck der Liebe zum Schöpfer und seiner Schöpfung. Alles, was zu unserem Leben gehört, kann aus Liebe zu Gott und – damit verbunden – aus Liebe zu einem Nächsten geschehen.

Es ist gut, mir dies immer wieder zu vergegenwärtigen. Auf die Liebe kommt es an. Jetzt, in diesem Augenblick. Klagen wir nicht, dass wir keine Zeit haben, sondern leben wir so, dass wir in der Haltung der Liebe sind. Dann bringt uns die Liebe dahin, unsere Zeit richtig einzuteilen.

Wir brauchen jeden Tag einen neuen Anfang, weil wir ständig „alt" werden. Was uns lebendig erhält, ist die Liebe. Die Liebe aber ist nicht selbstverständlich; sie muss immer neu gewonnen werden. Echte Liebe ist beständiger neuer Anfang. Die Liebe bleibt nicht stehen, sie regeneriert sich, sie will immer neu sein. Sie fängt also je neu und je tiefer an. „Wie kann der neue Anfang aussehen, wie kann ich das organisieren?", könnte jemand fragen. Aber: Liebe ist nicht organisierbar! Es gibt kein fertiges Rezept!

Die Liebe gehört Gott, dem lebendigen Gott! Er sorgt ständig für Überraschungen. *Er* organisiert den neuen Anfang. Er sorgt auch dafür, dass ich mich selbst je neu einbringen kann, dass ich je neu mit ihm anfangen kann, in jedem Augenblick. In diesem Vertrauen kann ich, will ich leben, alle Stunden des Tages, auch wenn ich weiß, dass meine Natur immer wieder an Grenzen stößt. Ich verlasse mich nicht so sehr auf meinen guten Willen und meine Talente, sondern zu allererst auf Gott. Ich sage ihm:

Weil du die Liebe bist,
weil du mir immer einen neuen Anfang versprichst,
lasse ich mich ein auf dich und deine Liebe.
Ich öffne mich ganz bewusst für dich,
für deine Liebe.

Ich sage dir mein Ja,
ich entscheide mich für dich.
Ich will versuchen, jeden Augenblick
zu einem Augenblick der Liebe zu dir
werden zu lassen.

Wie kann das im Alltag aussehen? Vielleicht dienen mir schon fünf Minuten – möglichst schon am Morgen –, um mich an diesem Tag neu auf Gott einzustellen.

Der Ort dafür ist leicht zu finden; es geht nämlich überall, wo ich ein wenig zu mir kommen kann: sei es im eigenen Zimmer, sei es in einer stillen Ecke im Haus, im Auto auf einem Parkplatz, in einer Kirche, vielleicht sogar im Betrieb, am Arbeitsplatz.

Ich schließe die Augen und wende mich innerlich Gott zu. Ich hole mich heraus aus der Hektik, aus dem Lärm, aus den Zwängen, aus der Traurigkeit, aus anderen Gefühlen.

Ich schweige und werde still. Ich versetze mich in die Gegenwart Gottes. Vielleicht kann ich dabei knien. Oder ich setze mich aufrecht hin und atme ganz ruhig und tief.

Ich lasse alles los. Ich lockere sozusagen meinen Willen, meine Wünsche. Ich sage ja zu Gott. Ich sage ja zur Welt. Ich sage ja zu mir, was immer mit mir sein mag.

Ich nehme mich und mein Leben gleichsam in die Hand, insbesondere alles Dunkle in mir, und halte es Gott hin. So, wie ich bin, mit meinen Grenzen und mit meinen Sünden, mit meiner Last und meinem Leid, mit dem Erfolg und der guten Stimmung, mit den Niederlagen und Traurigkeiten …

So, wie ich bin, möchte ich jetzt vor dir sein und in dir sein. So, wie ich bin, schenke ich mich dir. So, wie ich bin, will ich neu anfangen mit dir.

Auf diese Weise kann ich mich neu orientieren und den entscheidenden Ansatzpunkt finden. Ich lebe mit Gott, ich möchte Maß nehmen an ihm, an seiner Liebe, ich will in und aus Gottes Liebe leben. Es ist, als würde ich mit Gott einen Pakt schließen, jeden Morgen aufs Neue.

Sich Zeit nehmen zum Danken

Fünf Minuten am Tag werden bald nicht mehr ausreichen. Wir fühlen uns gedrängt, uns mehr Zeit zum Gebet zu nehmen. Wer sich Zeit nimmt, hat mehr vom Leben. Besonders, wenn er sich auch die Zeit zum Danken nimmt!

Danken hängt mit Denken zusammen. Ich denke an jemanden oder an etwas. Ich hole ein Erlebnis in mein Bewusstsein zurück, das mich froh gemacht hat. Wenn sich Leute treffen, die sich länger nicht gesehen haben, knüpfen sie an frühere Treffen an, an Fahrten, an Erlebnisse. Solche Gespräche machen Freude, und manchmal erwächst daraus auch ein dankendes Wort an den anderen. Wer sich Zeit nimmt für einen Dankesbrief, eine mit Bedacht geschriebene Mail, einen Anruf, eine Stippvisite mit dem Wort „Danke" im Herzen, dessen Leben wird erfüllter.

Oft drängt es mich, jemandem zu danken, der mir so oft und immer wieder überraschend nahe ist und mich beschenkt: Jesus Christus. Wenn ich zurückschaue, fällt mir auf, dass er lange Zeit meist verborgen in meinem Leben da war. An ihn gedacht habe ich nur bei „offiziellen" Anlässen. Mit der Zeit ist das anders geworden. Ich erkenne die Spuren seiner Liebe in vielen Menschen, in zahlreichen Ereignissen meines Lebens.

Wie bleibt diese Erfahrung lebendig? Wie können wir überhaupt zu einer solchen Erfahrung gelangen? Wie können wir in unserem Leben Jesus tiefer und persönlicher erfahren? Zum Beispiel, indem wir beim Danken ansetzen: Ich nehme mir Zeit; in einer ruhigen Viertelstunde versuche ich still zu werden – sitzend oder auch auf und ab gehend, vielleicht auch im Liegen oder auf Knien. Ich gehe ganz einfach die letzte Zeit in Gedanken durch. Ich denke an die Personen, die ich getroffen habe; ich erinnere mich an bestimmte Ereignisse und suche besonders die hellen Punkte heraus, Augenblicke, die mir positiv in Erinnerung sind: all das, was mich positiv verändert hat, was mir gut getan hat, womit ich mich beschenkt sehe.

Es kann passieren, dass ausgerechnet diese stille Suche gestört wird: Negative Gedanken kommen hoch, vielleicht auch Gefühle der Minderwertigkeit, Enttäuschungen, Verletzungen, Missgeschicke, Pech ... Der eine beschimpft sich, der andere sieht alle Schuld bei andern und bemitleidet sich eher. Ärger steigt hoch. Und so ist es vorbei mit der Ruhe. Das Danken hört auf. Manche brechen an dieser Stelle ab und geben auf. Dabei ist dieses Störfeuer, diese innere Unruhe durchaus wichtig! Wir werden auf Dinge gestoßen, die *auch* da sind in unserem Leben, mehr oder weniger verborgene Gefühle, die wir vielleicht oft einfach beiseite gedrängt haben. Lassen wir die Unruhe zu; sie ist ja doch in uns. Denken wir daran, dass wir vor Gott stehen. Ihm können wir alles sagen, was in uns aufsteigt. Auch unsere Schwierigkeiten. Auch das Negative. Vielleicht fällt uns auch eine Person ein, mit der wir einmal über dieses oder jenes sprechen können!

Diese „Störfeuer" zeigen uns umso deutlicher, wie wichtig es ist, *auch das Positive zu sehen* – gerade dann, wenn bei der Rückschau alle möglichen Fragen und Probleme in unserem Bewusstsein hochkommen. Lassen wir sie ruhig und gelassen an uns heran. Und dann schauen wir energisch hin, wo Gott uns trotzdem nahe war. Dann sagen wir ihm unsere Not – und ebenso auch unseren Dank.

Herr, ich danke dir,
dass ich mit dir reden kann.
Manchmal komme ich mir vor wie ein Wurm,
der über die Erde kriecht.
Doch ich glaube, dass du mich suchst.
Du hast mir so manche Freude gemacht
in der zurückliegenden Zeit.
Ich danke dir für ganz bestimmte Menschen;
ich nenne dir ihre Namen: ...
Ich danke dir,
dass du mir durch andere Menschen hilfst.
Ich danke dir,
dass auch ich anderen helfen konnte.
Gib mir einen neuen Blick für mein Leben,
schenke mir offene Augen
und ein dankbares Herz.

In solchem Danken und dankenden Beten kann das Positive im Leben stärker zum Tragen kommen, sich leichter in mir durchsetzen.

Für viele ist der Kontakt mit Gott geheimnisvoll, fast etwas „Mystisches". Sie denken an Versenkung, an ein Gefühl, das einen aus seiner Welt herausträgt. Es gibt solche Erfahrungen. Doch Gottes Sprechen ist nicht auf solche herausgehobenen Momente beschränkt. Gott redet uns an mit Worten, die jeder verstehen kann: Es sind die Worte, die in der Bibel stehen, dem Buch der Bücher, der Heiligen Schrift. In ihr ist eine froh machende Botschaft enthalten. Wer sie zur Hand nimmt, wird bald sehen, dass er nicht zu einem „mystischen Trip" in eine andere Welt eingeladen wird, sondern ganz neu mit dieser Welt, in der wir leben, konfrontiert wird. Diese unsere Welt wird sehr realistisch geschildert als eine Welt, die dem Tod verfallen ist, in der Mächte am Werk sind, die den einzelnen Menschen, ja die ganze Menschheit bedrohen und zu verschlingen suchen. Manche Begriffe mögen heute fremd klingen, die Sache selbst ist es nicht: Auch wir stehen vor beängstigenden Entwicklungen, denken wir nur an den Klimawandel, an die Finanzkrise, an immer neue Hungerkatastrophen und vieles mehr. Wir wissen: Das allermeiste ist von uns Menschen selbst gemacht. Und doch stellt sich die Frage nach Gott: Wo ist er? Überlässt er uns einfach unserem Schicksal? Ist er überhaupt am Werk in dieser Welt, so wie sie ist?

Gottes Spuren sind oft nicht leicht zu entdecken. Doch die Bibel ermutigt uns, beharrlich Ausschau zu halten nach ihm, *trotz allem* darauf zu vertrauen, dass er am Werk ist. Oft anders, als wir meinen. Leise, im Verborgenen vielleicht. Er wirkt – nicht zuletzt durch Menschen, die sich auf ihn einlassen, wie die Propheten.

Und ganz besonders wirkt er durch Jesus: Jesus bringt im Namen Gottes einen neuen Anfang in diese Welt: Er zeigt einen Weg, wie wir Menschen leben und wirklich glücklich werden können. Am Leben Jesu selbst werden die Pläne und Angebote Gottes am deutlichsten profiliert: Jesus selbst ist der Weg zu einem neuen Leben mitten in dieser Welt, auch in unserer Gesellschaft, in unserer Zeit.

Das neue Leben wird in der Bibel mit Worten wie Frieden, Freiheit, Freude, Gottes Herrschaft und Reich umschrieben. Es beginnt mitten in unserem Alltag – und es endet nicht einmal mit dem Tod: Die Bibel nimmt uns mit auf einen Weg, der Erde und Himmel verbindet. Schon hier können wir Erfahrungen machen, die mit der anderen Welt zusammenhängen, mit der Welt Gottes, die uns von allein nicht zugänglich ist. Die Bibel bringt das Unerhörte, das schier Unglaubliche zur Sprache: Gott ist in unsere Welt gekommen; er redet in unserer Sprache und bedient sich unserer menschlichen Ausdrucksweisen.

Viele tun sich schwer, in den Worten der Menschensprache Gottes Wort zu erkennen. Wer jedoch auf den Inhalt achtet, beginnt etwas davon zu erahnen. Wenn ich Worte höre wie: „Liebt eure Feinde, tut denen Gutes, die euch hassen" (Lk 6,27); „Richtet nicht" (Mt 7,1); „Vor allem haltet fest an der Liebe zueinander" (1 Petr 4,8), dann zeigt sich mir etwas von der Wirklichkeit Gottes: In solchen Worten scheint eine unbedingte Liebe durch, eine Liebe, die sich ganz verschenkt, die keine Bedingungen stellt. Hier zeigt sich der Geist Gottes, der Geist Jesu Christi.

Spuren dieses Gottesgeistes finden wir in vielen Kulturen, dort, wo Menschen ganz tief in sich hineingehört haben. Gott widerspricht sich nicht. Mitten in der Welt des Hasses spricht er immer neu vom Leben, schenkt er die Zuwendung in vielen kleinen und großen Zeichen. Die Welt des Todes, der Habsucht, der Verschlossenheit und der Unfreiheit wird nicht einfach vernichtet, sondern immer wieder überwunden und gewandelt – als Hinweis darauf, dass eine endgültige Rettung und Wandlung der Menschheit aussteht. Wenn wir uns auf Gottes Wort in der Bibel einlassen, lebt in uns die Hoffnung auf, dass Gott diese Welt endgültig retten will. Es ist eine Hoffnung, die uns nichts auf der Welt, auch keine Wissenschaft und Technik, geben kann, eine Hoffnung, aus der heraus wir anders und ganz bewusst *in* dieser Welt leben können.

Die Bibel ist ein Buch, das auf Erfahrungen beruht, die auch in unseren Tagen den Menschen sehr tief ansprechen. Wenn man das Neue Testament zur Hand nimmt, steht man vor einer Generation, die vor rund 2000 Jahren Geschichte gemacht hat; im Alten (oder Ersten) Testament tritt ein geschichtlicher Zeitraum von fast 100 Generationen vor uns hin. Da finden sich Erfahrungen von Menschen, die in Not und Leid, aber auch in übergroßer Freude ihren Gott erlebt haben.

Immer gab es Gelehrte, die dieses Buch auslegten, und Menschen aller Rassen und Sprachen, die es schlicht in die Hand nahmen und darin sich selbst und Gott entdeckten. Genauso tut es auch die Kirche im Gottesdienst.

Die Bibelwissenschaft der letzten zweihundert Jahre hat nun sehr deutlich gemacht, dass diese Bücher nicht einfach von höherer Stelle aus diktiert wurden. Es handelt sich vielmehr um Texte unterschiedlichster Art, in denen Glaubende etwas Wichtiges mitteilen. Auf vielerlei Weise bekunden sie: Wir haben Gott gefunden in unserer Welt, in der Familie, auf dem Feld, im Tempel, überall, sogar im Leid. Die Texte sind so etwas wie erhalten gebliebenes Leben; man könnte fast einen Vergleich mit frühgeschichtlichen Höhlenzeichnungen ziehen, in denen uns das Leben einer vergangenen Epoche begegnet, oder mit einem versteinerten Lebewesen, etwa einem Ammoniten aus der Kreidezeit: Wer ihn betrachtet, entdeckt Strukturen des Lebens aus einer vergangenen Zeit, die ihn auch heute erfreuen. In den alten biblischen Erzählungen finden wir etwas vom Leben der Menschen damals, etwa zur Zeit des Königs David in Jerusalem, oder während der Vertreibung des Volkes Israel nach Babylon, oder zur Zeit Jesu, später in Korinth, Ephesus und Rom.

Eingebettet in dieses Leben, in diese Welten mit verschiedenen Sprachen und Kulturen des Orients und des Abendlandes finden wir Gott – der heute wie damals lebendig ist. Wer heute die Bibel liest, begegnet nicht nur Vergangenem. Er begegnet darin dem lebendigen Gott.

Gewiss, wer unbedarft in der Bibel zu lesen beginnt, findet auch Anstößiges und Unverständliches. Ist das möglich, dass Gott heilige Kriege befohlen hat? ... dass er zur Ausrottung ganzer Städte auffordert? Doch wer die Texte aufmerksam und in größeren Zusammenhängen liest, der begreift, dass die Aussagen differenziert gehört werden müssen. Erst mit der Zeit haben die Menschen ihren Gott tiefer verstanden und erkannt, was wirklich sein Wille ist. Es gibt einen geschichtlichen Fortschritt in der Offenbarung Gottes. Mit der Jesusoffenbarung war endgültig klar, dass Gott keinen Krieg will.

Wir können nur staunen über Gottes langen Atem. Dass er mit diesen Menschen, die oft in Stammes- und Familienfehden verwickelt waren, einen Bund eingegangen ist und sich an sie gebunden hat! Gerade angesichts der menschlichen Grenzen und Schwächen erahnen wir ein wenig von der ungeheuer weiten Barmherzigkeit Gottes. Er hat sich immer wieder erwiesen als der, der mit seinem Volk geht. Durch alles Erleben göttlichen „Zorns" hindurch und hinter aller „strafenden" Gottesferne zeigt sich die Liebe dieses Gottes, der sich zu seinem Volk wie ein guter Erzieher verhält.

So findet sich in diesen Texten, eingewoben in den Glauben vergangener Gemeinden und Jahrhunderte, der lebendige Gott. Was in der Heiligen Schrift festgeschrieben ist, muss durch das Lesen und durch das Beten aus dem Glauben erschlossen und für unsere Zeit zugänglich gemacht werden.

Derselbe Gott, der uns in den Texten und im Leben des Gottesvolks der biblischen Zeit begegnet, ist auch im Inneren des heutigen Menschen anwesend und redet ihn dort an. Viele Menschen beachten diese innere Anrede in der eigenen Tiefe kaum, wenn sie die Bibel lesen. Aber beim Lesen stellt sich oft Freude ein oder ein Stück Hoffnung oder ein Ja, das aus tiefstem Herzen kommt: Ja, das möchte ich auch, Herr! Gib auch mir diese Offenheit und Großzügigkeit!

Im Inneren eines Menschen, der so meditierend und betend die Bibel liest, geschieht etwas. Manchmal wird einer traurig, weil er seinen armseligen Zustand, seine Schwächen erkennt. Oder ihn überkommen Angst und Schrecken, weil er die eigenen Fehler nicht zu überwinden vermag. Aber der Text tut seine Wirkung, wenn wir uns ihm nicht verschließen. Er kann zwar schneiden, schärfer als ein Schwert, schärfer als das Skalpell bei einer Operation. Aber nach dem „Schnitt" kann das Leben weitergehen: besser und anders als zuvor. Gott ist in das Leben eingetreten. Wer den Mut hat, sich von den Worten der Heiligen Schrift infrage stellen zu lassen, sich „bearbeiten" zu lassen, kommt in Kontakt mit dem lebendigen Gott.

Wie sollen wir nun die Bibel lesen? Es gibt verschiedene bewährte Methoden. Es gibt das „Bibelteilen"; es gibt die klassische *lectio divina* („geistliche Schriftlesung") und andere gute Wege, die sich für das Bibellesen mit anderen oder mehr für die persönliche Lektüre eignen. Die verschiedenen Methoden können hier nicht im Einzelnen vorgestellt werden, doch möchte ich zumindest einige praktische Hinweise geben und einen möglichen Weg beschreiben:

– Wir lesen die Bibel, um den Herrn, um Gott zu hören. Es braucht eine Einstimmung: Stille,

Schweigen, um hören zu können; ein Gebet, um sich auf Gott einzustellen.

– Dann lesen wir laut oder leise ein Stück aus der Bibel.

– Wir wiederholen das Lesen und stellen uns folgende Fragen: Was sagt dieser Text? Wer redet hier? Was sagen die Personen? Was tun die Personen? In welcher Person finde ich mich wieder? Ich höre und lese, was diese Person sagt.

– Nun achte ich auf meine eigenen Gedanken: Wo sage ich spontan ja oder nein? Wo fühle ich mich angesprochen? Was könnte aufgrund dieses Textes in mir geschehen?

– Ich schweige wiederum und sage Gott alles, was ich empfinde, ganz persönlich. Ich sage ihm, was ich jetzt denke. Ich sage ihm Gutes und Negatives, alles.

– Dann überlege ich, welche Konsequenzen ich für mein Leben ziehen könnte.

Nehmen wir ein Beispiel: die Geschichte vom Seesturm (vgl. Mt 8,23–27). Das Boot mit den Jüngern droht zu kentern. Was tun die Personen? Die Jünger schreien, sie wecken den Herrn, sie machen Vorwürfe, sie verstehen nichts. Was tut Jesus? Er steht auf und gebietet dem Sturm. Der Sturm legt sich. Jesus fragt die Jünger nach ihrem Glauben: „Warum habt ihr solche Angst, ihr Kleingläubigen?" – Was geht jetzt in mir vor? Der Text wird lebendig beim langsamen Lesen, indem ich ihn auf meine eigene Lebenssituation beziehe. Ich finde mich wieder in dem Boot, das untergeht. Es ist das Boot meines Lebens und Glaubens. Ich habe oft keine Sicherheit. Ich frage mich, warum alles so schwer sein muss. Ich verstehe nicht, warum es das Leid gibt, warum so viele Menschen sich so sehr hassen können. Oft habe ich zu Jesus gerufen …

Da freue ich mich über die Jünger, die Jesus wecken. Ich stelle mir vor, wie die Urgemeinde in Zeiten der Verfolgung aus dieser Geschichte gelernt und gelebt hat. Sie verstanden nichts mehr. Sie glaubten sich als Gottes „Lieblinge" und wurden verfolgt. Schlief der Herr? War er tot? Sie riefen und beteten.

Ich mache es ebenso. Ich schreie zu Gott: meine Not, meine Angst, meine Sorgen.

Dann sehe ich, wie Jesus aufsteht und dem Sturm gebietet. Er fragt die Jünger nach ihrem Glauben. Er fragt nach *meinem* Glauben. Da möchte ich antworten: „Ja, Herr, ich glaube, hilf meinem Unglauben!" (Mk 9,24). Ich fühle mich getragen. Es geht weiter. Ist das eine Illusion? Nein! Immer wieder habe ich erlebt, dass es wirklich weiterging. Immer wieder bin ich auf Freunde gestoßen, die mich getragen haben und mir ein Zeichen Gottes waren, gerade in den „Stürmen" meines Lebens.

Die Bibel lesen – das heißt hören, was Gott mir heute sagt. Am besten kann das geschehen, wenn mehrere in einer kleineren Gruppe die Bibel lesen, schweigen, eigene Eindrücke mitteilen und dabei intensiv hören, wo sie sich persönlich angesprochen fühlen. Auf diese Weise kann in einem Schriftgespräch Gott lebendig zum Menschen heute sprechen.

Besonders fruchtbar ist es, wenn ein Austausch stattfindet, wenn die einzelnen Teilnehmerinnen und Teilnehmer darüber sprechen, wo Gott sie jetzt angesprochen hat. Für jede, für jeden gilt: Wer die Heilige Schrift liest und hört, gerät in den Umkreis des lebendigen Gottes und seiner Verheißungen.

Sich selbst annehmen

Manche Menschen leben ständig wie unter einer düsteren Wolke. Sie haben das Gefühl, nicht voll dabei zu sein. Sie ahnen Kräfte in sich, die sich nicht entfalten können. Irgendeine Last, ein Zwang, ein drückendes Gesetz liegt auf ihnen. So haben sie den Eindruck, nichts wert zu sein. Wie sehr wünschten sie sich, dass es anders wäre ... Vielleicht ahnen sie Zusammenhänge mit der eigenen Erziehung; die Lebensgeschichte spielt hinein, unter Umständen auch Schuld aus längst vergangener Zeit. All das drückt und bedrückt – und steigt spontan in der Seele hoch, wenn nur irgendeine Frage oder irgendein Gedanke diese Richtung nimmt. Es ist, als liege ein großer Schatten auf diesen Menschen, der ihnen die Sonne verdeckt. In solchen Situationen wird jemand hellhörig für billige Glücksverheißungen. Man wird anfälliger für die Versprechungen der Werbung, flüchtet sich womöglich in den Konsum von Alkohol oder Drogen, man lässt sich vorschnell auf irgendeine Beziehung ein, nur um nicht „mit sich allein zu sein". Die Ernüchterung bleibt, mal schnell, mal nach einiger Zeit, nicht aus. Dem Rausch folgt der Kater, die Freuden des Konsums verblassen und weichen neuen „Bedürfnissen", die innere Leere und Einsamkeit bleiben: Das Ich ist seinen Schatten nicht losgeworden.

Ich kann mich nicht leiden: ein Gedanke, der viele Menschen umtreibt. Wer zeigt mir einen Weg, dass ich mich annehmen lerne? Wie kann mein Leben sinnvoll werden, kann meine Existenz sich als „brauchbar" erweisen, als hilfreich für andere? Ich bin doch zu nichts zu gebrauchen! Wer mag sich meine Fragen anhören?

Vielleicht gibt es doch jemand, der zuhört. Vielleicht will er mittragen, weil er den eigenen Schatten kennt und angenommen hat. Vielleicht muss er auch sagen, dass er zu dieser und jener Frage nichts sagen kann; dass es besser ist, jemanden aufzusuchen, der – je nach Sachlage –

eine spezielle therapeutische oder seelsorgerische Ausbildung hat. All das können wichtige, ja notwendige Schritte sein.

Unabhängig davon kann er ihm aber – wenn es die Situation zulässt – auch sagen, dass es einen gibt, der uns versprochen hat, unseren Schatten mitzutragen. Vielleicht kann er sagen, dass Jesus uns auch mit unserem Schatten gern hat, dass er ganz gewiss alle anstehenden Schritte mitgehen wird. Ich habe öfter erlebt, wie dadurch Kräfte des Vertrauens, die in einem Menschen gewissermaßen schlummerten, geweckt wurden.

Ich denke zum Beispiel an einen jungen Mann, querschnittsgelähmt durch einen Unfall, der nach vier, fünf Jahren „Schattendasein" Jesus entdeckt hat als einen, der ihn bedingungslos annimmt. Die Kräfte des Vertrauens wurden in ihm wach. Bestärkt durch Gebet und Betrachtung gelang es ihm, seine Talente fruchtbar zu machen. So hat er eine Arbeitsgemeinschaft von Menschen mit körperlicher Behinderung geleitet, die ihrerseits anderen ihre Hilfe anboten. „Ohne den Glauben, dass Gott mich annimmt, hätte ich das nicht geschafft." Ein anderer, der die Spuren eines Suizidversuchs an seinen Pulsadern trug, erkannte in seinen vernarbten Wunden die Spuren der Barmherzigkeit Gottes: Er fand zum Glauben, dass er trotz allem von Gott angenommen war, und konnte so sich selbst neu annehmen und mit seinem Schatten leben.

Was aber geschieht, wenn jemand nicht mehr die Kraft des Vertrauens aufbringen kann? Im Glauben weiß ich, dass Jesus sich auch mit Menschen in dieser schier hoffnungslosen Lage solidarisiert hat, mehr noch: Er ging in die tiefste Einsamkeit und Hoffnungslosigkeit hinein. So verstehe ich seinen Schrei, als er am Ende seiner seelischen Kraft am Kreuz ausrief: „Mein Gott, mein Gott, warum hast du mich verlassen?" (Mk 15,34). Daraus schöpfe ich Hoffnung für alle, die keine Kraft haben. Ich weiß, dass Jesus in besonderer Weise ihnen Freund sein will: der Freund aller Armen und Bedrückten, aller Ausgestoßenen und Verlassenen. Nicht durch anbiedernde Versprechen, nicht durch leere Worte, sondern durch sein Leben, durch sein Sterben, durch seine Ablehnung, sein „Scheitern", seine Verlassenheit. Jesus zeigt mir, dass keine Not und innere Verlassenheit, auch keine Depression, keine Neurose verdrängt werden müssen, sondern dass diese Schicksalsschläge zum Menschsein gehören können.

In der Freundschaft mit Christus wird es möglich, den eigenen Schatten anzunehmen. Es kann geschehen, dass du dich trotz allem leiden kannst.

Für viele ist das Leben ungeheuer kompliziert geworden. „Simplify your life", vereinfache dein Leben!, lautet ein eingängiger Rat. Kein Wunder: Wer litte nicht unter der allgemeinen Beschleunigung und dem Druck von allen Seiten (auch manchem selbstgemachten), der auch schon auf die Kinder übergegriffen hat!

Für Muße ist heutzutage wenig Zeit. Wir hasten von einer Aufgabe zur nächsten, von einem Termin zum anderen; allein das Wort „Freizeitstress" sagt genug. Krankheiten stören und müssen möglichst schnell beseitigt werden. Alte, Kranke, Schwache, Arbeitslose, Rentner, Kinder kommen kaum als Menschen in ihrem Wert und ihrer Würde in den Blick.

Wir kommen nicht umhin, uns neu die Frage nach den Prioritäten zu stellen. Welchen Stellenwert haben ökonomische Interessen? Was steht bei uns im Vordergrund? Geld, sicheres Einkommen, Selbstverwirklichung, Macht und Prestige, Gesundheit, Familie …?

Wenn wir die Freundschaft mit Jesus Christus beginnen, werden sich auch unsere Schwerpunkte verändern. Manches, was uns bisher „ganz wichtig" war, wird zweitrangig. Die Freundschaft mit Jesus wird immer wichtiger. Und von dorther kommt alles an den richtigen Platz …

Freilich ist es leichter gesagt als getan, Jesus den ersten Platz in unserem Leben zu geben. Denken wir einmal darüber nach, wie so etwas gehen kann.

Für den querschnittsgelähmten jungen Mann stand – verständlicherweise – jahrelang die Gesundheit an erster Stelle. Er hatte resigniert. Als ihm eine neue Beziehung mit Christus geschenkt wurde, lebte er auf. Die Freundschaft mit Jesus Christus wurde ihm wichtiger als die Gesundheit; mit ihm wollte er in Beziehung bleiben, auf diesem Fundament wollte er das Haus seines Lebens bauen. Diesen Vergleich hat Jesus einmal gebracht: Wer auf Gott setzt, wer auf Jesus baut, wer sich an sein Wort hält, der hat auf Fels gebaut (vgl. Mt 7,24–27). Der junge Mann fand neuen Halt, für ihn ordnete sich das Leben neu. Jeder Ansturm der Verzweiflung prallte an diesem Haus ab, weil es auf ein echtes, unzerbrechliches Fundament gebaut war, auf Jesus selbst.

Nehmen wir ein anderes Beispiel. Eine Schülerin hat feste Vorstellungen von ihrer Zukunft, von ihrer Ausbildung, einer möglichen Karriere. Irgendwann findet sie durch eine Jugendfreizeit „Geschmack" an einem intensiveren Leben mit Gott. Ihm will sie den ersten Platz im Leben geben; er wird für sie das Wichtigste. Sie vergisst darüber nicht das Nächstwichtige, zum Beispiel das Lernen für die Schule. Aber sie tut es unverkrampfter. Wenn sie diese Prioritäten beibehält, wird es für sie zwar schmerzlich, aber keine Katastrophe sein, falls ihre Berufspläne aus irgendwelchen Gründen durchkreuzt werden.

Viele weitere Beispiele ließen sich anführen. Wenn Gott in unserem Denken und Wollen den ersten Platz einnimmt, werden wir freier. Wenn es uns zuerst um das Reich Gottes geht, dann wird uns alles andere dazugegeben, hat Jesus verheißen (vgl. Mt 6,33).

Wer so aus der Freundschaft mit Jesus lebt, wird nicht mehr so an vielen Dingen hängen. Er kann großzügiger mit seinem Besitz umgehen, er tut sich leichter zu teilen. Er wird auch mehr Zeit für andere finden, die seine Hilfe oder Zuwendung brauchen. Er wird in den Menschen das Gute entdecken und die Fehler mittragen. In der Freundschaft mit Jesus zeigt sich ein Weg, im schönsten Sinne „einfacher zu leben". Weil sie uns hilft, in allem das „eine Notwendige" (vgl. Lk 10,42) zu tun: das, was jetzt dran ist, in der Verbundenheit mit ihm.

Je tiefer Gott durch Jesus Christus in unser Leben eindringt, desto mehr findet der Mensch Gott, den Bruder, die Schwester und auch sich selbst.

Die Freundschaft vertiefen

Wenn ich auf meine eigene Geschichte mit Jesus zurückblicke, gewinne ich den Eindruck, dass nicht ich ihn, sondern dass er mich gesucht hat. Ich hatte vieles über ihn gehört, aber ich wusste nicht, was er eigentlich mir persönlich bedeutete. Vieles konnte ich nicht nachvollziehen, und das war oft wie eine Wunde in meiner Seele. Doch loslassen konnte ich ihn auch nicht. Was ich über ihn las in religiösen Büchern, in Berichten über das Leben von Heiligen und nicht zuletzt in der Bibel selbst, weckte immer wieder meine Neugierde, mein Interesse. Manchmal sogar Begeisterung.

Die meisten in meinem damaligen Umfeld hatten freilich keinen Bezug zum Glauben, eine Situation, die inzwischen gang und gäbe ist. Sich mehr oder weniger allein zu fühlen, das ist eine große Herausforderung. Doch die Beziehung, die allmählich zwischen Jesus und mir entstanden war, bedeutete mir sehr viel. Ich begann, Partei für ihn zu ergreifen, wenn andere ihn infrage stellten. Ich merkte, dass ich diese Beziehung eigentlich nicht selbst aufgebaut hatte: Er hatte mich gesucht, er war in mein Leben getreten, und das konnte ich nicht einfach ignorieren, auch wenn ich auf Unverständnis, ja Widerstand stieß.

Es war eine Beziehung wie zu einem Freund. Ich hatte ihn gern, er war ein wichtiger Bezugspunkt in meinem Leben geworden. Bei vielen Aufgaben überlegte ich, wie er es wohl gemacht hätte. Ich versuchte, die Dinge mit seinen Augen zu sehen. Ich wollte mehr von ihm wissen. Darum las ich, was er geredet und getan hatte. Ich betete zu ihm; ich sprach mit ihm und fasste in Worte, was ich für ihn empfand. Einmal fragte mich jemand, der sich als Atheist bezeichnete, direkt nach Jesus; er war unruhig und hatte seine Zweifel (zweifeln können auch „Nichtglaubende"). Ich konnte für ihn ein „Wegweiser" werden, nicht wegen meiner Argumente, sondern weil er sah, wie sich eine lebendige Verbindung mit Christus auf das Leben und die Beziehungen zu anderen auswirkt.

Wenn wir mehr von Jesus Christus wissen wollen, müssen wir die fragen, die mit ihm gelebt haben, die Augenzeugen. Das sind die Jüngerinnen und Jünger Jesu, die Apostel, die Märtyrer und Märtyrerinnen. Aber auch heute gibt es „Augenzeugen": Menschen, deren Leben geprägt ist von der Erfahrung, die sie in der Beziehung mit Jesus machen konnten.

Nach Jesus suchen, herausfinden, was er wohl heute will, wie geht das? Wie können wir die Freundschaft vertiefen? Wir merken, dass mancherlei alte Vorstellungen und Lehrsätze zu unseren Problemen und den Herausforderungen unserer Zeit nicht mehr passen, unbrauchbar geworden sind. In jeder Zeit stellt sich die Frage, was Jesus will, mit neuer Brisanz und fordert von den Menschen, ihren ganzen Verstand einzusetzen. Immer neu hat die Kirche in der Geschichte Antwort gesucht auf die drängenden Probleme der Zeit. Sie war dabei nie vom Herrn verlassen, auch wenn die Suche oft lange dauerte (Irr- und Umwege eingeschlossen!) und viel Beten und Nachdenken erforderte.

Eines ist bei diesem je neuen Suchen immer wieder deutlich geworden: Jesus beantwortet nicht unmittelbar all unsere Einzelfragen. Er ist keine Suchmaschine, die auf Tastendruck Antworten anzeigt. Aber er schenkt seinen Geist, er vermittelt den entscheidenden Ansatz, um weiterzukommen. Er entbindet uns nicht von der Aufgabe, uns Gedanken zu machen, um Lösungen zu ringen. Er bietet uns vielmehr seine Gemeinschaft und Freundschaft an. Wer diese Freundschaft annimmt, kann viele Probleme neu angehen und lösen. Denn von ihm her sehen wir manches in einem anderen Licht. Jesus *will* uns nahe sein. Er sucht den Menschen. Er sucht dich und mich. Er sucht alle.

Was die Bibel von ihm berichtet, läuft darauf hinaus, dass er mit den Menschen leben wollte. Einige brauchte er als Mitarbeiter bei seiner Verkündigung. Doch sein Ruf in die Nachfolge ist nicht auf sie beschränkt. „Folge mir nach!" (Mt 9,9): Dieses Wort kann an jeden ergehen!

In Jesu Gefolgschaft finden wir Frauen und Männer, Jüngere und Ältere, Leute aus unterschiedlichen Schichten. In vielen Beispielen und Reden legte er ihnen dar, worum es geht: Um die „Gottesherrschaft", um das Reich Gottes oder, wie Matthäus es nennt, das „Himmelreich". Jesu öffentliches Auftreten beginnt mit dieser Einladung: „Die Zeit ist erfüllt, das Reich Gottes ist nahe. Kehrt um und glaubt an das Evangelium!" (Mk 1,15). Eine neue Zeit ist angebrochen: Gott bietet in Jesus einen Bund an, eine Gemeinschaft, in der viele Menschen mit Gott und untereinander verbunden sind, verbunden im Wunsch, aus Gottes Willen und aus seiner Liebe das ganze Leben zu gestalten, im Kleinen wie im Großen. Jesus lädt die Menschen ein, in diese „göttliche Gemeinschaft" einzutreten. Das Reich Gottes steht vor der Tür. Es ist da in der Person Jesu – mitten in der Welt, aber so ganz anders als alle irdischen Reiche, so ganz anders als jede menschliche Herrschaft.

Eine ganze Reihe von Menschen seiner Zeit haben wahrgenommen, wie Jesus Notleidende ansprach, wie er Menschen aufhalf. Ob jemand blind war, lahm oder psychisch krank, ob Heide oder Samariter oder rechtgläubiger Jude, ob es sich um eine als „Sünderin" bekannte Frau oder um einen Zöllner handelte, allen gab er zu verstehen: Auch du bist eingeladen! Gottes Reich steht auch dir offen! Auch du bist von Gott geliebt!

Jesu Botschaft geriet in Krise, als er von der Obrigkeit gestellt, verhaftet und hingerichtet wurde. War es das Aus für die „nahegekommene Gottesherrschaft"? Als alles zu Ende schien, traf die Jüngerinnen und Jünger eine überraschende Tat Gottes: Jesus zeigte sich als Lebender; von Gott zu neuem Leben auferweckt, begegnete er ihnen in einer neuen Gestalt am Osterfest und in der Zeit danach. Diese Jesuserfahrung ist von Generation zu Generation weitergegeben worden: Jesus lebt! Er lebt für uns, ist für uns da! Und wir können mit ihm und für ihn leben.

Dieser Jesus, der von Gott, dem Vater, auferweckt wurde, bleibt der Gemeinschaft seiner Freunde nahe, das Reich Gottes geht mit ihm weiter. Der Auferstandene hat seinen Jüngern aufgetragen: „Geht zu allen Völkern und macht alle Menschen zu meinen Jüngern; tauft sie auf den Namen des Vaters und des Sohnes und des Heiligen Geistes und lehrt sie, alles zu befolgen, was ich euch geboten habe. Seid gewiss: Ich bin bei euch alle Tage bis zum Ende der Welt" (Mt 28,19f). Und Jesus hört nicht auf, Menschen zu suchen.

Eine Freundschaft, die freilässt

In den Worten, die Jesus gesagt hat, in den Taten, die er gewirkt hat, sogar im Tod, den er gestorben ist, hat sich Gott offenbart. Das Leben dieses Jesus hat eine einmalige, ganz und gar ungewöhnliche Bedeutung: Durch Jesus, in diesem Jesus will Gott selbst in Gemeinschaft mit den Menschen kommen. Diese Gottesgemeinschaft verändert den Einzelnen wie die Gesellschaft. Nicht einmal mit dem Tod hört sie auf.

In Jesus hat sich Gott mit der Menschheit verbunden; das ewige Wort, der Logos, hat in der Person Jesu als Mensch unter uns gelebt, als einer von uns, damit auch wir mit ihm verbunden seien. Gott will die Freundschaft, die innige Verbindung mit den Menschen. Indem er uns seine Freundschaft anbietet, öffnet Jesus uns den Weg zur Gemeinschaft mit Gott.

Bindungen untereinander können unter Umständen unfrei machen, ja zu einer Belastung werden. Bei Jesus ist das anders. Immer wieder bietet er uns seine Freundschaft an, aber er drängt sich nicht auf. Er lädt ein, er bietet an, er wartet. Er ist treu und lässt frei. Eines ist sicher: Er zieht seine Freundschaft nicht zurück.

Gerade dies hat mich selbst sehr angesprochen und herausgefordert: *Weil* ich spürte, dass er mich frei lässt, fühlte ich mich innerlich gedrängt, auf seine Liebe zu antworten. Seine Freiheit gab mir die Freiheit. Mit diesem Freund wollte ich verbunden sein – ohne allen Zwang, ohne Angst, mit dem Wunsch, zu leben wie er: Ich wollte mich nicht von Sympathie und Antipathie gefangen nehmen lassen, sondern nach Möglichkeit Freund der anderen werden, einer, der liebt und dabei ganz frei lässt …

Freundschaft mit Jesus, das ist Freundschaft mit einem, der seine Freundschaft *allen* anbietet. Es ist nichts Exklusives, sondern öffnet einen Raum, in dem Platz ist für die anderen. Es ist auch kein bloßes Gefühl, sondern ein Lebensprogramm: *sein* Lebensprogramm. Es geht um das Reich Gottes unter den Menschen, um neue Beziehungen der Menschen zueinander in der Verbundenheit mit Gott.

Den Freund treffen:
Orte der Begegnung

Die Freundschaft bleibt lebendig, wenn man einander nicht aus dem Blick und – vor allem: aus dem Herzen – verliert. „Treffpunkte" mit Jesus gibt es viele. Einige „Orte", wo wir ihm begegnen können, um die Freundschaft zu pflegen und zu vertiefen, möchte ich etwas näher beleuchten.

Ihn finden im Wort der Heiligen Schrift

Wenn ich die verschiedenen menschlichen Fähigkeiten und die Errungenschaften der Menschheit betrachte, fasziniert mich am meisten – noch mehr als die Technik, mit der ungeheure Fortschritte erreicht wurden – die Tatsache, dass sich der Mensch durch die Sprache mitteilen kann. Er kann Worte und Sätze bilden, er kann etwas aussprechen. In den Worten eines Menschen kann sich vieles ausdrücken. Am meisten treffen mich die Worte, in denen der Mensch gleichsam selbst enthalten ist. Er kann sich, sein Wollen, seine Liebe und seinen Hass, seine Gedanken und Gefühle ins Wort bringen, im Wort kann der eine sich dem anderen schenken. Der Mensch ist ein Wesen des Wortes, der Mitteilung. Er ist offen für das Wort. Er kann es selber sagen. Er kann das Wort eines anderen hören. Im Wort verschenkt er sich, im Wort kann er den anderen aufnehmen und annehmen; Worte stellen Beziehung her. Jede Freundschaft lebt vom Wort und von entsprechenden Zeichen.

Wen wundert es, dass Gott den Weg über das Wort gewählt hat, um sich den Menschen mitzuteilen? Wir haben nicht nur Worte *über* Gott, etwa eine Lehre über ihn, eine Wissenschaft, die Theologie. Es gibt auch Worte *von* Gott: Worte der Menschensprache, in denen er sich selbst ausgedrückt hat. Es sind nicht einfach Informationen über sein Werk, über die Welt, die er geschaffen hat, oder Hilfen, um richtig in ihr zu leben. Es sind Worte, in denen Gott dem Menschen sich selbst mitteilt, seine Nähe, seine Liebe. Was Gott uns in unserer Sprache sagt, gibt uns mehr als Informationen. Seine Worte schenken uns etwas von ihm selbst und ermöglichen uns unmittelbar die Freundschaft mit ihm. Wer sein Wort in sich aufnimmt, erfährt etwas sehr Schönes, ja Grandioses: Gott wird sein Freund.

Gottes Wort an uns Menschen finden wir in der Bibel. Im Alten Testament wird in tiefer Freude über die Beziehung Gottes zum Volk Israel gesprochen. *Bund* wird sie genannt. Es ist wie ein feierlicher Vertrag, in dem dieses Volk seine freundschaftliche Beziehung zu Gott endgültig besiegelt hat. Gott hatte sich dem Mose offenbart und seinen Namen genannt: JHWH, das heißt übersetzt: Ich bin der Ich-bin-da, ich erweise mich als der, als der ich mich erweisen werde (vgl. Ex 3,14). Dieser Name deutet die Hoheit und Unverfügbarkeit Gottes an und gleichzeitig die Nähe, die Zuwendung, die Liebe Gottes.

Dieser Gott hat mit dem Volk Israel Freundschaft auf ewig geschlossen. Das geschah in der Wüste Sinai, nach der Befreiung, der Herausführung aus der ägyptischen Knechtschaft. Darüber schreibt später das Buch Deuteronomium: „Als ihr den Donner mitten aus der Finsternis gehört hattet und der Berg immer noch in Feuer stand, seid ihr zu mir gekommen – eure Stammesführer und Ältesten – und habt gesagt: Sieh, JHWH, unser Gott, hat uns seine Herrlichkeit und Macht gezeigt, und wir haben seine donnernde Stimme mitten aus dem Feuer gehört. Heute ist es uns geschehen, dass Gott zu Menschen sprach und sie am Leben blieben … Denn welches Wesen aus Fleisch wäre am Leben geblieben, wenn es die donnernde Stimme des lebendigen Gottes gehört hätte, als er mitten aus dem Feuer redete?" (Dtn 5,23–26).

Diese frühe Zeit des Volkes Israel, etwa 1250 vor Christi Geburt, lässt sich geschichtlich nicht bis ins Letzte erhellen. Gottes Worte aber prägten sich tief in das Leben des Volkes ein. Es begann ein neues Leben, ausgerichtet auf Nächstenliebe, Gemeinschaft, Frieden, Hilfsbereitschaft. Viele Möglichkeiten entdeckte dieses Volk, wie es die Gemeinschaft mit seinem Gott vertiefen konnte. Vor allem sollte es Gott lieben, indem es das Wort Gottes im Herzen trug: „Höre, Israel! JHWH, unser Gott, JHWH ist einzig. Darum sollst du den Herrn, deinen Gott, lieben mit ganzem Herzen, mit ganzer Seele und mit ganzer Kraft! Diese Worte, auf die ich dich heute verpflichte, sollen auf deinem Herzen geschrieben stehen. Du sollst sie deinen Kindern wiederholen. Du sollst von ihnen reden, wenn du zu Hause sitzt und wenn du auf der Straße gehst, wenn du dich schlafen legst und wenn du aufstehst. Du sollst sie als Zeichen um das Handgelenk binden. Sie sollen zum Schmuck auf deiner Stirn werden. Du sollst sie auf die Türpfosten deines Hauses und in deine Stadttore schreiben" (Dtn 6,4–9). Hier zeigt sich die Erfahrung, dass Gott durch sein Wort den Menschen nahe ist und sich ihnen schenkt. Wer dieses Wort in seinem Herzen trägt, bleibt in Verbindung mit Gott.

Leben nach dem Wort

Wer sich auf Gottes Wort einlässt, spürt: Dieses Wort drängt ins Leben; bis in die alltäglichsten Situationen hinein hat es uns etwas zu sagen. Es ist so ganz anders als die vielen Worte, die bei einem „Smalltalk" fallen, so ganz anders als die Werbeslogans: So viele Worte klingen zunächst sehr verheißungsvoll, doch dann erweisen sie sich als oberflächlich und nichtssagend – wie Steine, die kein Leben geben können.

Heilende, erlösende, vergebende Worte kann ich mir nicht selber zusprechen. Nur ein anderer kann sie mir sagen. Bei Jesus haben Menschen solche Worte gefunden. Seine Worte kommen aus einer großen Tiefe; durch sie können Menschen leben. Er sagt zu einem Gelähmten: „Steh auf, nimm deine Tragbahre, und geh nach Hause!" (Mk 2,11); zu einem Aussätzigen: „Ich will es – werde rein!" (Mt 8,3); zu einem Menschen mit Behinderung: „Streck deine Hand aus!" (Mk 3,5); zu einem Menschen am Straßenrand: „Ich muss heute in deinem Haus zu Gast sein" (Lk 19,5). Daraufhin kann der Gelähmte gehen, der Aussätzige wird gesund, der Außenseiter wird aufgenommen. Die Worte, die Jesus sagte, haben Wirkung. Sie machen es möglich, dass Menschen leben können: Es sind *Worte des Lebens*.

Petrus nennt Jesus den Grund, weshalb er die Beziehung mit ihm nicht abbrechen will: „Herr, zu wem sollen wir gehen? Du hast Worte des ewigen Lebens. Wir sind zum Glauben gekommen und haben erkannt: Du bist der Heilige Gottes" (Joh 6,68). Jesus hat Worte des Lebens – Worte, die ewiges Leben erschließen. An diesen Worten erkennt Petrus die göttliche Herkunft

Jesu, und er bleibt bei ihm; denn seine Worte ermöglichen echtes, unvergängliches Leben.

Genau diese Erfahrung drückt der Prolog, das Vorwort des Johannesevangeliums aus. Dort wird Jesus *das Wort* genannt, das Wort, das bei Gott war. Und dieses Wort ist in unsere Welt gekommen und ist Mensch, „Fleisch", geworden (vgl. Joh 1,14).

Das ganze Leben Jesu ist wie ein Wort, das Gott den Menschen sagt. Sein Leben und seine Worte gehören zusammen und bilden eine Einheit. Es ist die Botschaft Gottes an den Menschen, das Evangelium, die Frohe Botschaft, der Neue Bund, der dem Volk Israel, ja allen Menschen offen steht.

Wo immer wir einen Menschen sehen, ganz gleich von welchem Volk, welcher Religion oder Partei, dürfen wir ihm zu verstehen geben: Gott hat für dich ein Wort gesagt, er hat eine gute Nachricht für dich. Jesus Christus, der auch für dich gelebt hat, der auch für dich gestorben ist, der auch für dich aus dem Tod auferweckt wurde, ist das Wort Gottes für dich.

Durch Jesus möchte Gott jeden Menschen erreichen. Wenn wir in die Evangelien blicken, sehen wir, wie er gelebt hat: Wir sehen ihn bei Leuten am Tisch sitzen, die durch ein zerrüttetes Leben die Beziehung zu Gott verloren haben. Er bietet ihnen, ohne dass sie eine Vorleistung bringen müssten, neu Gottes Freundschaft an. Sünderinnen und Sünder, Unzufriedene, Unglückliche, Gottsuchende, Theologen, Kaufleute … – alle hören, was Jesus sagt. Sie finden das, was er sagt, echt und tief. Viele suchen ihn auf; etliche halten Kontakt. Sie nehmen seine Worte im Herzen auf und tragen sie bei sich, lassen sie in ihrem Leben wirken: Der Zöllner gibt das Geld, das er zu Unrecht erworben hat, zurück; eine Frau löst ihre unglücklichen Verhältnisse mit Männern; viele sehen zum ersten Mal einen Sinn in ihrem Leben; einige stellen sich ganz zur Verfügung und wollen ganz dem Reich Gottes dienen … Zahlreiche Menschen beginnen, Gott als Vater zu entdecken und wissen sich als Kinder dieses Vaters angenommen.

Die Menschen, die Jesus nachfolgen, setzen seine Worte in konkretes Leben um. Sie bauen nicht eine verbale, sondern eine vitale Beziehung zu Gott auf. Wer nach dem Wort Jesu handelt, ändert nicht nur sein Leben, sondern findet auch eine persönliche Beziehung zu Jesus selbst. Das Leben aus dem Wort Jesu ermöglicht die Freundschaft mit ihm.

Wie kann das für uns aussehen? Wir könnten zum Beispiel einmal für eine gewisse Zeit versuchen, unser Leben an einem bestimmten Wort aus der Heiligen Schrift auszurichten. Nehmen wir etwa das Wort von der Vergebung. Im Matthäusevangelium heißt es, dass Petrus zu Jesus trat und fragte: „Herr, wie oft muss ich meinem Bruder vergeben, wenn er sich gegen mich versündigt? Siebenmal? Jesus sagte zu ihm: Nicht siebenmal, sondern siebenundsiebzigmal" (Mt 18,21f). Für Jesus ist die Vergebung nicht durch einen einmaligen Akt abgegolten. Wenn nötig, muss man siebenundsiebzigmal vergeben, das heißt immer, ohne Einschränkung.

Dieses Wort ist ungewöhnlich, ein harter Widerpart in einer Welt, in der man zu reagieren gewohnt ist, wenn die eigenen Interessen in Gefahr sind. Ist es nicht eine Überforderung? Nein, keineswegs! Und zwar deshalb nicht, weil in Jesu Wort eine Kraft steckt, die über *unsere* Möglichkeiten hinausgeht. Wenn Jesus mir zutraut, dass ich so oft verzeihen kann, dass ich es nicht mehr zählen kann, dann darf ich davon ausgehen, dass er es mit mir ebenso hält. Wie sein Vater im Himmel. Gott ist barmherzig, gütig, liebend, vergebend – siebenundsiebzigmal. Immer. Immer neu. Auch mir gegenüber. Wenn ich das glaube, wahrnehme, erlebe, dann bekommt das Wort von der Vergebung einen ganz neuen Klang. Bevor ich es als Überforderung abtue, darf ich, ja muss ich es erst einmal für mich selbst anwenden. Bei jedem Versagen, bei jedem eigenen Fehler darf ich um Vergebung bitten und glauben: „Jetzt vergibt mir der Herr!" Gott vergibt grenzenlos. Und aus dieser Erfahrung göttlicher Vergebung kann ich meinerseits dem Bruder und der Schwester vergeben. So entfaltet das Wort seine Wirkung: Es bringt Neues hervor, etwas von seiner göttlichen Kraft kommt zum Tragen, es beginnt in mir, in meinem Leben Gestalt anzunehmen. Jesus beginnt in mir zu leben durch sein Wort. So nimmt die Beziehung zu ihm eine ganz einfache Form an: Sie besteht darin, dass ich sein Wort (und damit ihn selbst) in mich aufnehme und es lebe. Zugleich bringt dieses Wort aber auch mich selbst in eine tiefere Gemeinschaft mit dem, dem ich vergebe. Mein Leben tritt so in den Horizont Gottes. Ich kann mit Petrus sagen: Jesus, du hast auch für mich Worte des ewigen Lebens!

Die Worte der Heiligen Schrift im Alten und im Neuen Testament enthalten diese Wirkkraft. Sie bahnen Wege zur Freundschaft mit Gott, sie schenken seine Nähe, führen uns in seinen Horizont. Sie ändern unser Leben und stellen eine neue Verbindung zu unseren Brüdern und Schwestern, zu unseren Mitmenschen her. Gottes Wort ist schöpferisch, kreativ, wie schon der Prophet Jesaja feststellte:

„Wie der Regen und der Schnee vom Himmel fällt und nicht dorthin zurückkehrt, sondern die Erde tränkt und sie zum Keimen und Sprossen bringt, wie er dem Sämann Samen gibt und Brot zum Essen, so ist es auch mit dem Wort, das meinen Mund verlässt: Es kehrt nicht leer zu mir zurück, sondern bewirkt, was ich will, und erreicht all das, wozu ich es ausgesandt habe" (Jes 55,10f).

Brot nützt nichts, wenn es nicht gegessen wird. Brot ist für den Menschen da; vom Brot können wir leben. Es kommt nicht einfach in der Natur vor wie Wasser oder Salz. Brot muss bereitet werden, viele sind daran beteiligt. Wer Brot isst, lebt nicht nur vom Brot, sondern auch von der Arbeit vieler Menschen.

In der Kirche wird uns ein Brot angeboten, in dem sich der Herr selbst uns zur Speise gibt. Wenn jemand die Eucharistie mitfeiert, dann empfängt er nicht nur ein Stückchen Brot, wie es von außen betrachtet erscheint, sondern die ganze Liebe, die darin enthalten ist: Wer kann das Geheimnis ermessen, dass da einer ist, der wie ein Stück Brot verzehrt werden möchte?! Jesus, der Herr, gibt sich uns zur Nahrung; in ihm ist Gott bis zum Äußersten für den Menschen da. Welch eine Umkehrung der althergebrachten Vorstellungen von Religion! Der Mensch, so sagt uns unser Glaube, lebt durch seinen Gott, von seinem Gott.

Wer dieses heilige Brot nimmt und isst, erfährt bis in seine leibliche Existenz hinein, dass Gott nicht in einem heiligen, fernen abgegrenzten Bezirk verweilt. Nein, Gott will beim Menschen sein; das erfahren wir in allertiefster Weise beim Heiligen Mahl. Hier enthüllt sich Gott als einer, der alles für seine Freunde tun will. Jesus hat gesagt: „Es gibt keine größere Liebe, als wenn einer sein Leben für seine Freunde hingibt" (Joh 15,13). Er selbst hat dies praktiziert, von Anfang an hat er sein Leben, seine Zeit und Kraft hingegeben. „Geben", dieses Wort beschreibt auf ganz einfache Weise, was diesen Jesus ausmacht; in ihm offenbart sich Gott als der, der gibt. Gott ist der Gebende und die Gabe: In diesem Jesus gibt er … sich selbst.

Am Abend vor seiner Hinrichtung, in Getsemani, am Ölberg, kommen Jesu Angst und innere Not voll zum Durchbruch. Er betet intensiv zu Gott und ringt sich sein persönliches Ja dazu ab, das Leben zu geben. In dieser Hingabe wird das Äußerste der Liebe Gottes zum Menschen sichtbar. Am gleichen Abend, kurz zuvor, hat Jesus diese Hingabe im Abendmahl mit seinen Freunden vorweggenommen. Er hat das Brot in die Hand genommen und es ihnen mit den Worten gegeben: „Das ist mein Leib für euch. Tut dies zu meinem Gedächtnis!" (1 Kor 11,24).

Was ist „der Leib"? Es ist in biblischer Denkweise der ganze Mensch mit Leib und Seele. Wo der Leib ist, da ist der Mensch. Durch den Leib existiert der Mensch, ist er an diesem bestimmten Ort, in dieser Zeit; durch den Leib und als Leib kann er handeln, sich mitteilen, sich verschenken … Der Leib, das ist der Mensch. Jesus nimmt das Brot und sagt: „Das ist mein Leib für euch." Ein wunderbares, ganz und gar außerordentliches Geschehen! Im Angesicht seines Todes hat Jesus das Maß der Liebe Gottes zum Menschen gezeigt. In ihm gibt Gott sich für den Menschen hin.

Als Jesus seinen Jüngern das Brot und den Kelch reichte, gab er sich damit ganz aus der Hand. Er verschenkte sich. In seinem Tod wollte er sich nicht nur den Zwölf, den Aposteln, sondern allen Menschen zuwenden. Darum sagte er: „Tut dies zu meinem Gedächtnis!" Darum betete er: „Aber ich bitte nicht nur für diese hier, sondern auch für alle, die durch ihr Wort an mich glauben" (Joh 17,20). Wo immer jetzt dieses Mahl zum Gedächtnis Jesu gefeiert wird, da ist Jesus in den Gestalten von Brot und Wein gegenwärtig, da möchte er sich uns schenken und geben, wie er es in den wenigen Jahren seines zeitlichen Lebens getan hat. Er ist darin gegenwärtig mit seinen Taten, mit seinen Worten, mit seinem ganzen Leben.

So verdichtet sich in einem Mahl die Liebe Gottes zu uns Menschen. Jesus wird für uns zur Nahrung, damit wir leben.

Wie kann ich auf dieses Angebot der Liebe, auf diese „ausgestreckte Hand" des Herrn antworten? Indem ich meine Hand in die seine hineinlege. Indem ich seine Freundschaft erwidere, diese Nahrung in mich aufnehme, von ihr lebe.

Ich freue mich über jede Möglichkeit, dieses Mahl mitzufeiern. Da erlebe ich die Freundschaft des Herrn nicht nur als Einzelner, sondern in der Gemeinschaft der Mitfeiernden und darüber hinaus! Aber gleichzeitig erfahre ich auch meine ganz persönliche Beziehung zu ihm, da ich ihn in mich aufnehme. In der „Kommunion", das heißt Gemeinschaft, spreche ich mit ihm, wie ich zu einem Freund spreche. Ich lege ihm mein Leben vor, meine Pläne, meine Erlebnisse und spüre fast unmittelbar, ob sie so sind, dass sie zu ihm passen. Dann bete ich mit ihm zu seinem Vater; er nimmt mich mit hinein in „seine Welt", in sein Reich. Hier dürfen wir in voller Berechtigung sagen: Mein Vater, Vater unser!

Der Vater aber verweist mich weiter zu all seinen Kindern: Er schickt mich zu meinen Schwestern und Brüdern. Wenn ich dann wiederkomme zum Heiligen Mahl, dann kann ich gar nicht anders, als sie im Herzen mitzubringen.

Gern gehe ich auch im Lauf des Tages in die Kirche. Ich freue mich, dass dort das heilige Brot aufbewahrt wird für die Kranken und Sterbenden. Ich knie mich hin und bete diesen Gott an, der meine Nahrung sein will, der einfach bis zum Letzten für mich da ist. Ich bete ihn an und danke ihm.

Leib Christi werden

In der Feier der Eucharistie, des „Herrenmahls", kann ich als Glaubender das Handeln Gottes erleben. Ich darf Zeuge sein, wie Gott in diesem Mahl handelt. Wenn der Priester die Worte Jesu über Brot und Wein spricht, handelt der Herr an diesen Gaben: Brot und Wein werden, wie Augustinus sagt, mit dem Wort Gottes verbunden und so in den Leib und das Blut Christi gewandelt. Wenn nun diese Gaben an die Gemeinde ausgeteilt werden, dann setzt sich diese Umwandlung fort: Jesus verbindet sich mit denen, die ihn empfangen, damit auch sie verwandelt werden. Die Kirche nennt diesen Teil des Gottesdienstes „Kommunion", das heißt wie gesagt Gemeinschaft, Vereinigung. Es ist wie eine zweite Wandlung, bei der der Einzelne er selbst bleibt und doch in eine neue Wirklichkeit tritt; er kommt in den Lebensraum Christi. Paulus sagt: „Ist das Brot, das wir brechen, nicht Teilhabe am Leib Christi? *Ein* Brot ist es. Darum sind wir viele *ein* Leib; denn wir alle haben teil an dem einen Brot" (1 Kor 10,16f). Darum sagt der heilige Bischof Augustinus:

> „Empfangt, was ihr seid:
> Leib Christi,
> damit ihr werdet, was ihr empfangt:
> Leib Christi!"

Wer also in der Eucharistiefeier den Leib Christi nimmt und isst, der ist ein Glied, ein Teil am Leib des Herrn; die ganze feiernde Gemeinde wird „Leib Christi": Durch sie, in ihr ist Jesus gegenwärtig an einem bestimmten Ort und einer bestimmten Zeit: redend, handelnd, liebend, Gutes von Bösem scheidend, richtend und aufrichtend.

Wenn jemand die Eucharistie mitfeiert, geht er das Risiko ein, dass Gott an ihm handelt: Sie zielt darauf, dass wir „ausgeteilt" werden an die Welt. Die tiefe Freundschaft, die Verbindung mit Jesus kann nicht isoliert gelebt werden – ich und Jesus allein, in einem schönen Idyll, das geht nicht. So wie Gott seinen Sohn dahingab für die Erlösung der Vielen, so mutet er auch uns zu, unser Leben hinzugeben. Auf diese Weise kommt etwas von Gottes Liebe in eine Welt, die ihm gegenüber so oft verschlossen ist. Auch durch uns will er zu den Menschen kommen, in die Schulen, in die Betriebe, in die Krankenhäuser, in zerrüttete Familien, in Kneipen, Diskotheken und Chatrooms ...

Christen werden „Eucharistie für die Welt", wenn sie sich vom Wort und vom Brot Christi verwandeln lassen. So hat es der Herr selbst angedeutet: „Ich bin das lebendige Brot, das vom Himmel herabgekommen ist. Wer von diesem Brot isst, wird in Ewigkeit leben. Das Brot, das ich geben werde, ist mein Fleisch für das Leben der Welt" (Joh 6,51).

Ja, Herr, durch dich kann ich leben.
Wer dein Fleisch isst und dein Blut trinkt,
der bleibt in dir und du bleibst in ihm.
In der Eucharistie nimmst du mich hinein
in deine Freundschaft.
Gern erwidere ich sie
und schließe den Bund mit dir.
Du stillst all meinen Hunger nach Liebe.
Denn in diesem Brot bist du da,
alles ist da, was du für mich und für alle Menschen
getan hast – von Anfang an, bis zum Tod am Kreuz,
bis zur Auferweckung, bis zum Pfingsttag …
Deine ganze Liebe verdichtet sich im heiligen Mahl.
Du bist einfach da für mich.
So will auch ich für dich da sein
und dir mein Ja geben.
Das soll mein Dank sein:
dass ich mich ganz einbringe,
mit Seele und Leib.
Ich möchte für dich stehen,
dein Wort und deine Liebe weitertragen
mit meinem Leben.
Mein Leben sei mein Dank;
ich möchte es so leben,
dass es Eucharistie wird, Brot für die Welt –
mit dir, in deiner Freundschaft.
So lass deine Liebe hingelangen an die Orte,
wo keine Liebe ist;
dein Licht dorthin, wo Dunkel und Finsternis ist;
dein Leben dorthin, wo Tod ist und Kälte.

Es lohnt sich, immer wieder einmal danach zu fragen, was zwischen uns ist. Oft sind es nur Worte, manchmal das Gefallen aneinander. Zwischen den Menschen kann vielerlei sein, Trennendes oder Verbindendes, Liebe oder Hass – oder sogar beides zugleich. Oft sind es auch nur Erfolg oder Misserfolg, Geld, persönliche Interessen, die sogenannten Bedürfnisse.

Jeder Mensch hat Bedürfnisse. Doch wenn ein anderer Mensch für die eigenen Bedürfnisse verzweckt wird, entsteht keine Beziehung, die auf Dauer trägt. Am Ende wird der Raum zwischen ihnen leer; und beide werden leer ausgehen. Doch Menschen können den Raum, der zwischen ihnen liegt, „kultivieren" durch vielfache Ideen und Initiativen. Dann wird der Raum zwischen ihnen ein lebendiges Bezugsfeld, echter Lebensgrund.

Wir brauchen dieses Zwischen, diese Mitte. Als Einzelne wie als Gemeinschaft, ja als Gesellschaft. Sonst „krankt" etwas. Heute sind gemeinsame Werte, von allen getragene Grundüberzeugungen auf Restposten zusammengeschrumpft. Viele empfinden diese Leere und beklagen den Verlust der Mitte. Weil das Zwischen, weil die Mitte so wichtig ist, hat Gott sie bei seiner Menschwerdung nicht ausgespart. Hintergründig bemerkt das Johannesevangelium:

„Dort kreuzigten sie ihn und mit ihm zwei andere, auf jeder Seite einen, in der Mitte Jesus" (Joh 19,18).

Schon im Sinai-Bund hatte sich Gott mitten unter dem Volk gegenwärtig gezeigt. Es gab einen heiligen Bezirk, der während der Wüstenwanderung in der Mitte des Lagers war, das Stiftszelt als Ort der Gegenwart Gottes. Daraus wurde nach der Landnahme Israels der Tempel in Jerusalem, der Mittelpunkt des Volkes. Gott war mitten unter seinem Volk. Das setzte sich fort, auch als der Tempel zerstört war und Israel in die Verbannung ging. Gott war weiterhin unter ihnen durch die Propheten, durch sein Wort. Gerade im Exil wurde er immer mehr die Mitte dieses Volkes.

In Jesus verdichtet sich diese Erfahrung: In ihm ist Gott unter uns als einer von uns! Er möchte mitten unter uns sein, die Mitte, die uns alle verbindet. So wie Jesus am Kreuz Johannes und Maria in eine neue Beziehung zueinander bringt (vgl. Joh 19,26f), so möchte er auch in unserer Mitte sein.

An Ostern haben die ersten Christen erlebt, dass der Gekreuzigte in ihre Mitte trat. Das war etwas ganz und gar Unerwartetes, etwas, das alle Vorstellungen sprengt und gar nicht richtig in Worte zu fassen ist. Aber Jesus war wirklich da. „Jesus kam hinzu und ging mit ihnen" (Lk 24,25); die Emmausjünger konnten ihn hören und wahr-

nehmen, und „er legte ihnen alles dar". Anderer-
seits gehörte er nicht mehr dieser Welt an; er war
ja nicht mehr dem Tod unterworfen. Furcht und
Erregung waren die ersten Reaktionen angesichts dieser Erfahrung. Aber er trat immer wieder in ihre Mitte: „Die Türen waren verschlossen. Da kam Jesus, trat in ihre Mitte und sagte:
Friede sei mit euch!" (Joh 20,26).

Diese Nähe, diese Präsenz wird den Menschen
geschenkt, wenn sie sich im Namen Jesu versammeln. Dies ist wohl eine der tiefsten Erfahrungen, die die ersten Christen gemacht haben. Sie
entspringt nicht einer menschlichen Überlegung,
sondern dem Versprechen Jesu selbst: „Seid gewiss, ich bin bei euch alle Tage bis ans Ende der
Welt" (Mt 28,20).

Jesus ist der Anfang dieser Erfahrung von Gemeinschaft, der Anfang der Kirche. Wir können
uns deshalb unter Kirche etwas sehr Lebendiges
vorstellen. Kirche ist im entscheidenden Sinn
dort, wo Jesus spürbar die Mitte der Menschen
ist. Kirche ist dort in ihrer eigentlichen Wirklichkeit, wo die Glaubenden Jesus in ihrer Mitte
gegenwärtig haben. Und Jesus wirkt in der Gemeinschaft. Er schenkt uns eine tiefere Verbindung mit ihm selbst; er gibt uns seinen Geist, er
bewirkt Frieden (vgl. Joh 20,21f), schenkt Freude
und Kraft, Gutes tun zu können; wo er unter uns
ist, erwacht eine neue Begeisterung, vielleicht
auch „nur" der Mut weiterzugehen. Eine weitere

Gabe ist das Lob Gottes, die Klarheit des Verstandes und ein neues Licht, um die Welt so zu sehen, wie ihr Schöpfer sie sieht. Jesus unter uns bahnt uns den Weg zu Gott, seinem Vater. So können wir die Verheißung verstehen: „Alles, was zwei von euch auf Erden gemeinsam erbitten, werden sie von meinem himmlischen Vater erhalten. Denn wo zwei oder drei in meinem Namen versammelt sind, da bin ich mitten unter ihnen" (Mt 18,19f).

Wie kann es geschehen, dass Jesus in unserer Mitte erfahrbar wird? Diese Erfahrung gehört der Kirche und – zuallererst – Jesus selbst. Er schenkt sie, wo und wie er will. Wir können ihn bitten, unter uns zu sein. Und wir können dem nachgehen, was er mit dem *„in meinem Namen* versammelt" angedeutet hat. In seinem Namen miteinander zu leben, das heißt wohl vor allem *in seiner Liebe*: „Das ist mein Gebot: Liebt einander, wie ich euch geliebt habe … Ihr seid meine Freunde, wenn ihr tut, was ich euch auftrage" (Joh 15,12–14). Zu dieser gegenseitigen Liebe gehört, dass man den anderen nicht verurteilt, sondern ihn annimmt, und zwar grundsätzlich und bedingungslos (auf dem Hintergrund der Erfahrung, dass Jesus auch uns bedingungslos angenommen hat). Jesus selbst schenkt jene Liebe, durch die er unter seinen Jüngern gegenwärtig ist. In dem „hohepriesterlichen Gebet" sagt Jesus zum Vater: „Ich habe ihnen deinen Namen bekannt gemacht und werde ihn bekannt machen, damit die Liebe, mit der du mich geliebt hast, in ihnen ist und damit ich in ihnen bin" (Joh 17,26). Seine Liebe stiftet Gemeinschaft, Einheit. Um diese Einheit hat Jesus ausdrücklich gebetet: „Ich bitte nicht nur für diese hier, sondern auch für alle, die durch ihr Wort an mich glauben. Alle sollen eins sein: wie du, Vater, in mir bist und ich in dir bin, sollen auch sie in uns sein, damit die Welt glaubt, dass du mich gesandt hast" (Joh 17,20f). Es geht um die Einheit im Leben, dass einer ganz konkret für den anderen da ist und für ihn lebt, ja dass einer „im anderen" ist – so sehr, dass auch größte Unterschiede im Wesen, im Denken und in der Lebenseinstellung zueinander finden können: In dieser Sicht finden Einheit und Vielheit zusammen, ohne ausgelöscht oder verdrängt zu werden. Das ist es, was mit beständiger gegenseitiger Liebe gemeint ist. Diese Beziehung ist dynamisch, sie kann und soll immer mehr wachsen. Wo Menschen sich darauf ausrichten, werden sie erfahren, dass in ihrer Mitte Neues aufbricht: die Gegenwart Gottes.

Sich im Namen Jesu versammeln und eins sein miteinander gehören zusammen. Die Freundschaft mit Jesus schenkt uns eine neue Mitte, lässt uns zu einer tieferen Einheit zusammenwachsen. Hier bricht sozusagen eine Quelle hervor, in der wir und andere den lebendigen Gott finden können. Die Gemeinschaft von Mann und Frau in der Ehe, die Freundschaft, die Unterhaltung, die gemeinsame Arbeit und viele andere Gestalten des Zusammenseins können eine unerwartete Tiefe und Kostbarkeit erhalten, wenn Jesus „mit im Spiel ist": Das Zwischen, die Mitte ist erfüllt von der Präsenz Gottes. Wir spüren, wie sich hier unser Menschsein verwirklicht, eine neue Fülle gewinnt. Das ist nicht „machbar", aber es ist genau das, wofür wir gemacht sind …

IHM BEGEGNEN IN SEINEN GESANDTEN

Wir sind dabei, nach „Orten" zu suchen, wo wir Jesus finden können, um die Freundschaft mit ihm zu leben und zu vertiefen. Auch wenn es nicht „in" und oft tatsächlich schwer zu glauben ist: Er spricht zu uns in einer besonderen Weise auch durch Menschen der Kirche, die er ausgewählt hat zu einer ganz speziellen Sendung. Diese Menschen stehen nicht für sich und teilen nicht nur ihre Meinung mit, sondern sie haben die Aufgabe, uns Jesus nahezubringen; es ist ihre Berufung, seine Botschaft heute zu sagen, uns etwas von Gott her zu sagen. Das anzunehmen, ist aus vielerlei Gründen schwieriger geworden. Spontan fühlen wir uns wohler, wenn wir tun, reden und denken können, was wir wollen.

Auch Menschen, zumal junge Menschen, denen viel an der Freundschaft mit Jesus liegt, tun sich oft schwer mit der kirchlichen „Hierarchie" (dabei zeigt dieses Wort im tiefsten Sinn die Funktion der Gesandten Jesu auf, die Beziehung zu Jesus, dem „heiligen Ursprung", zu ermöglichen). Dass Gesandte Jesu mir etwas geben können, dass sie Brücke sein können zum Herrn selbst, ist heute für viele schwer zu verkraften. Sie machen zwar eine Jesuserfahrung, sie beten – womöglich sogar im Freundeskreis – intensiv, aber ihr Glaube und ihre Jesusbeziehung verbleiben im Privaten oder im kleinen Kreis, öffnen sich zu wenig auf Gemeinde, auf Kirche hin.

Und doch lohnt es sich nach meiner Erfahrung, auch diese Dimension in den Blick zu nehmen und hinzuhören, was Jesus uns durch die Menschen sagen will, die er gesandt hat, die in seinem Namen zu uns sprechen, und sich auch für diese Möglichkeit der Begegnung mit Jesus zu öffnen.

Denn Jesus hat Menschen ausgewählt und dazu bestimmt, Kristallisationspunkte für die Bildung seiner Gemeinden zu sein. Er gab ihnen zum Beispiel die Vollmacht, „zu binden und zu lösen" (vgl. Mt 18,18), in seinem Namen von Sünden loszusprechen.

Wenn jemand von der Botschaft des Evangeliums getroffen ist, dann kann er durch einen solchen Gesandten die Verbindung zu Christus aufnehmen. In der Apostelgeschichte werden viele Begebenheiten berichtet, wie an Petrus, an Philippus, an Paulus die Bitte herangetragen wurde, Christ zu werden und in der Gemeinschaft der Jüngerinnen und Jünger mit Jesus zu leben. Philippus beispielsweise begleitete auf einer Fahrt einen äthiopischen Minister, einen Kämmerer. „Dabei begann Philippus zu reden und … verkündete ihm das Evangelium von Jesus … Da sagte der Kämmerer: Hier ist Wasser. Was steht meiner Taufe noch im Weg?" (Apg 8,35–38). Die Begegnung mit Philippus wurde für den Äthiopier zu einer Begegnung mit Jesus selbst; er glaubte.

Ähnliches geschah, als der römische Offizier Kornelius dem Petrus zuhörte und sagte: „Jetzt sind wir hier alle vor Gott zugegen, um all das anzuhören, was dir vom Herrn aufgetragen ist …" (Apg 10,33). Petrus taufte nicht selbst; er ordnete es an; dann nahm er Kornelius und „sein Haus" in die Gemeinde auf. Durch Petrus fand Kornelius Verbindung zu Jesus; Petrus brachte ihn nicht mit sich, sondern mit Jesus in Verbindung. So entsteht eine Gemeinschaft, so entwickelt sich die Kirche.

Ähnliches berichtet diese „Missionschronik" der frühen Kirche von Paulus. Er kommt in die griechische Stadt Philippi. „Am Sabbat gingen wir durch das Stadttor hinaus an den Fluss, wo wir eine Gebetsstätte vermuteten. Wir setzten uns und sprachen zu den Frauen, die sich eingefunden hatten. Eine Frau namens Lydia, eine Purpurhändlerin aus der Stadt Thyatira, hörte zu; sie war eine Gottesfürchtige, und der Herr öffnete ihr das Herz, sodass sie den Worten des Paulus aufmerksam lauschte. Als sie und alle, die zu ihrem Haus gehörten, getauft waren, bat sie: Wenn ihr überzeugt seid, dass ich fest an den Herrn glaube, kommt in mein Haus und bleibt da. Und sie drängte uns" (Apg 16,13–15).

Aus diesen Berichten wird deutlich, dass es Gesandte gibt, die in Jesu Namen mit Vollmacht handeln. Sie verkünden die Frohe Botschaft und nehmen in die Christusgemeinschaft auf. So machten die ersten Christen in Jerusalem und Antiochien, in Philippi, Korinth und Rom die Entdeckung, dass es Menschen gibt, die Jesus ausgesandt hatte und durch die sie ihn selbst hören konnten.

In den Evangelien wird diese besondere Berufung und Beauftragung ausführlich beschrieben. Der Herr ruft Menschen und wählt sie aus, in seiner Nähe zu leben. Er versichert ihnen: „Wer euch hört, der hört mich, und wer euch ablehnt, der lehnt mich ab; wer aber mich ablehnt, der lehnt den ab, der mich gesandt hat" (Lk 10,16). „In allen meinen Prüfungen habt ihr bei mir ausgeharrt", sagt Jesus. „Darum vermache ich euch das Reich, wie es mein Vater mir vermacht hat" (Lk 22,28f).

Machen wir uns noch einmal klar: Es gibt Menschen (wie Philippus, Petrus oder Paulus), durch die Jesus auf uns zukommt. Es gibt Personen, die sich so an Jesus verschenkt haben, dass Jesus Christus durch sie andere erreichen kann. Das bezeugt die Bibel für die erste Generation der Christen; das gilt auch heute.

Was sind nun die Voraussetzungen dafür, dass einer heutzutage diese Sendung leben kann? Der Gesandte muss gesendet werden. Der Sendung geht die Berufung voraus. Einige werden von Jesus direkt angesprochen; sie wissen in ihrem Herzen – vielleicht schon immer –, dass Jesus sie berufen hat. Bei den meisten ist es anders. Sie haben vielleicht einfach den Wunsch und die Fähigkeit, einer Gemeinde zu dienen, sich für das Reich Gottes einzusetzen. Andere sind auf einmal damit konfrontiert, dass sie die Fähigkeit haben, anderen zu helfen, die Gnade des Glaubens zu erfahren. Wieder andere freuen sich, das Evangelium in Gemeinschaft zu leben und so im Keim das Reich Gottes wachsen zu sehen.

All diese Ansätze müssen vertieft werden. Jesus stellt harte Forderungen und Fragen. Da ist vielleicht einer, der schlicht und einfach für die Menschen leben möchte – in äußerster Liebe und Radikalität. Ihn wird Jesus fragen: „Willst du mir folgen? Liebst du mich mehr als diese? Bist du bereit, Vater und Mutter, Hof und Acker, selbst deinen Beruf zu verlassen und restlos für das Reich Gottes zu leben?" (vgl. Mt 19,29; Joh 21,15).

Wer sich auf diese Weise mit Gott einlässt, verschenkt an ihn sein Leben. Er ist ein verschenkter Mensch. Ihn kann Gott weiter verschenken. Er setzt ihn ein, damit er anderen Menschen die Gaben Gottes bringen und das Leben mit Gott ermöglichen kann.

Wie soll ich diesen Menschen begegnen, denen Gott eine besondere Berufung und Sendung gegeben hat? Ich nehme sie an, wie Jesus es erwartet, als sein Geschenk an mich. Ich halte mir das Wort Jesu vor Augen: „Wer euch aufnimmt, der nimmt mich auf, und wer mich aufnimmt, nimmt den auf, der mich gesandt hat" (Mt 10,40). Ich höre hin, was sie mir von Gott her zusagen. Und ich bin ihnen dankbar, dass sie sich zur Verfügung stellen.

Natürlich müssen sie auch so leben, dass Christus durch sie sprechen kann. Im 2. Timotheusbrief heißt es: „Darum rufe ich [gemeint ist Paulus] dir ins Gedächtnis: Entfache die Gnade Gottes wieder, die dir durch die Auflegung meiner Hände zuteil geworden ist" (2 Tim 1,6). Es ist überaus schmerzlich, dass manche Ordensleute, Priester und auch Bischöfe das Zeugnis und ihre Sendung auf schlimme Art verdunkelt haben. Ohne dies in irgendeiner Weise relativieren zu wollen, sollten wir darüber nicht vergessen, dass sich viele, sehr viele nach Kräften bemühen, am

Beispiel Jesu Maß zu nehmen und zu leben, was sie verkünden. Wenn sie dann erleben, dass Menschen ihre Sendung annehmen und durch ihr – immer auch begrenztes – Zeugnis hindurch Jesus entdecken, ist das Grund zu freudigem Dank. „Darum danken wir Gott unablässig dafür", schreibt Paulus, „dass ihr das Wort Gottes, das ihr durch unsere Verkündigung empfangen habt, nicht als Menschenwort, sondern – was es in Wahrheit ist – als Gottes Wort angenommen habt; und jetzt ist es in euch, den Gläubigen, wirksam" (1 Thess 2,13).

IHM BEGEGNEN IN JEDEM MENSCHEN

Die Bibel nennt den Menschen „Adam" – aus Erde gemacht (vgl. Gen 2). Mann und Frau stammen aus der Erde, aber sie sind nach Gottes Bild gemacht. Wer den Menschen sieht, der sieht ein Abbild Gottes. Gott und Mensch stehen in einer Beziehung, die tiefer nicht gedacht werden kann: Der Mensch ist ein Tempel des lebendigen Gottes. Der heilige Bezirk, der Ort, der Gott vorbehalten ist, den viele Völker „Tempel" oder „Gotteshaus" nennen, ist für einen Christen zunächst einmal der Mensch selbst. „Wisst ihr nicht, dass ihr Gottes Tempel seid und der Geist Gottes in euch wohnt?" (1 Kor 3,16).

Nun sehen viele im Menschen nur das Negative, seine Ich-Bezogenheit, sein Machtstreben, seine Gefühlskälte oder Gebrochenheit. Die Sünde hat aus dem Menschen manchmal geradezu eine Karikatur seiner selbst gemacht. Und doch: Gott hat den Menschen nicht aufgegeben. Keinen Menschen. Das ist die Botschaft des christlichen Glaubens.

Schon in der alten biblischen Erzählung vom Sündenfall wird deutlich, dass Gott nicht vom Menschen lässt. Als Adam die Verbindung mit seinem Gott abgebrochen hatte und sich mit seiner Frau vor ihm verbergen wollte, musste und durfte er erleben, dass Gott ihn suchte: „Adam, wo bist du?" (Gen 3,9).

Diese Sicht wird von Jesus in seiner Botschaft noch verstärkt. Gott lässt seine Sonne aufgehen über Gute und Böse (vgl. Mt 5,45), und er macht immer neue Angebote, damit der Mensch ihm begegnen kann. Gottes Blick ruht auf uns, auf jedem Menschen. Wer einem Mitmenschen begegnet, trifft auf jemand, bei dem Gott mit seiner Liebe immer schon da ist. In jedem Menschen gibt es eine – vielleicht verborgene, vielleicht zugeschüttete, aber doch vorhandene – Sehnsucht nach Liebe, nach Wahrheit, nach einer Welt, die gut ist, nach Ewigkeit.

Wer sich einem andern ganz zuwendet, wird Spuren dieser Sehnsucht finden, und ebenso eine leise Freude über alles Schöne und über die

Ordnung der Schöpfung, ja auch eine Bereitschaft, sich sinnvoll für andere einzusetzen. Sind
das nicht Spuren, die Gott selbst hinterlassen
hat, Spuren, durch die Gott seine Anwesenheit
verrät? Können wir nicht Gott mit allem in Verbindung bringen, was gut und wahr und schön
ist im Menschen? In allem Guten, das sich im
Menschen zeigt, können wir – verborgen und
doch enthüllt – Gott erkennen und lieben. Dadurch kommt eine neue Einfachheit in unser Leben. Ich versuche einfach, mich für das Gute in
den anderen zu öffnen; ich versuche immer wieder, es zu entdecken und zu fördern.

Da ist zum Beispiel ein Kollege oder eine Kol-
legin (oder ein Klassenkamerad bzw. eine Klas-
senkameradin), die nichts mit Gott anfangen
können. Aber sie helfen unauffällig mit, Gemeinschaft zu stiften. Ich nehme es bewusst wahr: Es
ist eine Spur Gottes; ich nehme diese Spur auf.

Da ist eine Mutter, der viel am Glauben liegt;
sie klagt darüber, dass ihre Tochter nicht mehr
glaubt. Sie gesteht, dass sie sich deswegen Vorwürfe mache. Ich frage sie, ob sie auch Gutes von
ihrer Tochter berichten könne. Es kommt heraus,
dass sie sich um vernachlässigte Kinder küm-
mert und kostenlos Nachhilfestunden gibt. Die
Mutter entdeckt eine Spur Gottes in ihrer Tochter, sie kann unverkrampfter mit ihr umgehen,
und das Gespräch kommt allmählich wieder in
Gang.

Die Menschen neben mir, auch die, die nicht glauben, können uns reich beschenken, ja sie können ein ganz direkter Weg zu Gott werden. Was muss ich tun, damit ich diesen Weg gehen kann? Ich brauche wohl schon eine gewisse Kenntnis von Gott, und ich darf mich selbst nicht zu wichtig nehmen. Nur wenn ich lerne, mich ein Stück weit zurückzustellen, kann ich das Gute, das Große, vielleicht gar die verborgenen Spuren Gottes im anderen entdecken. Wie aber kann das gehen: sich zurücknehmen? Es wird uns leichter fallen, je mehr wir selbst uns von Gott angenommen und geliebt wissen. Dann müssen wir uns nicht mit aller Macht selbst behaupten, uns in Szene setzen. Es wird uns eher gelingen, einem anderen Menschen offen zu begegnen, „leer zu werden" von unseren eigenen Ideen und Wünschen und uns auf den anderen einzustellen. Vielleicht geht es „nur" darum, ein offenes Ohr für den anderen zu haben. Vielleicht können wir eine Last oder sein Leid mitempfinden und mittragen.

Wer sich auf diesen Weg begibt, immer wieder neu, der wird verstehen, was im Ersten Johannesbrief so beschrieben ist:

„Wir wissen, dass wir aus dem Tod in das Leben hinübergegangen sind, weil wir die Brüder [und Schwestern] lieben" (1 Joh 3,14).

Was aber, wenn das Negative im andern über-
handnimmt, wenn das Bild Gottes in ihm ent-
stellt ist? Manchmal hat es den Anschein, als sei
jemand wie ein leerer Tabernakel: Hass, Verbitte-
rung, Abstumpfung scheinen jede Erinnerung
an das Göttliche in ihm wegzuwischen ... Andere haben derart Schlimmes erlebt, Folter oder
Missbrauch, einen Unfall oder eine schwerste
Krankheit, dass wir verstummen ...

Was soll man auch sagen, wenn jemand in einer solchen Situation Gott seine Anklage entge-
genschleudert? Gerade dann muss sich der Glaube an die unzertrennliche Verbindung Gottes mit
dem Menschen bewähren. Gerade da darf sich
der Glaubende nicht heraushalten oder zurück-
ziehen. Gerade da ist er gefragt und gefordert.

Das Bild des geschundenen Menschen ist das
Bild Gottes. Gott und das Negative gehören zusammen: weil Jesus, der Sohn Gottes, gekreuzigt
wurde. Er ist in das Elend hinabgestiegen, nicht
„nur" in den Tod, sondern in die Schmach und
in die Gottverlassenheit. Was nach menschlichen
Maßstäben so gar nicht zur Glückseligkeit Gottes passt, hat Jesus in seinem menschlichen Leib
angenommen. Und so hat er, als er über die Erde
erhöht war, als er am Kreuz hing, alle an sich ge-
zogen (vgl. Joh 12,32). Somit ist das Böse von Gott
„eingeholt"; er hat sich damit bekleidet. Wir nennen Jesus das „Lamm Gottes", das die Sünden
der Welt trägt.

Wenn die Züge eines Mitmenschen von äußerstem Leid oder von der Bitterkeit der Sünde und Gottverlassenheit geprägt sind, dann sehe ich in ihnen – das hat mich Chiara Lubich gelehrt – das Gesicht Jesu, des Gekreuzigten. Er trägt diesen Menschen – auch wenn dieser es (noch) nicht wahrnimmt. Er begleitet jede Einsamkeit. Er füllt jede Leere aus. Er macht die Finsternis hell und löscht die Sünde aus. Denn in allem ist er da. Er stellt sich darunter: „Unsere Krankheiten hat er getragen, unsere Schmerzen hat er auf sich geladen" (Jes 53,4).

Wenn wir uns auf dieses Geheimnis des Lebens einlassen, beginnen wir tiefer zu erahnen, was das heißt: Gott ist die Liebe.

Gott ist das Sein, das sich unablässig ausstreckt nach dem, was nicht ist, damit es sei.

Gott ist das Leben, das sich in den Tod gibt, damit die Toten leben.

Gott ist die Freude, die sich in den Schmerz gibt, damit die Gepeinigten durch die Gemeinschaft mit ihm leben, aufleben.

Gott ist in Bewegung zu dem, was nicht Gott ist, was nicht Liebe ist, um alles zu erlösen.

So ist der Mensch ein Ort Gottes, ein Raum, wo ich Gott in seiner grenzenlosen Liebe antreffe, wo ich ihm begegne, wo ich mich für ihn entscheiden kann. Wenn ich mich selbst in die göttliche Bewegung der Liebe zu einem jeden Menschen hineinbegebe, bin ich ihm ganz nah; er ist da, manchmal geradezu spürbar; er schenkt mir seine unbegreifliche, liebende Nähe.

Ihm begegnen im eigenen Herzen

Die großen Entdeckungen der Menschheit werden nicht nur im Weltraum gemacht, ja wir können sagen: nicht nur auf dem Gebiet von Wissenschaft und Technik, so beeindruckend, fantastisch und in der Anwendung der Erkenntnisse manchmal auch erschreckend diese sind. Räume, die es zu entdecken gilt und die überaus interessant sind, liegen auch im Innern, in der Tiefe des Menschen.

Vor gar nicht langer Zeit haben viele versucht, durch LSD und andere Drogen zu einer „Bewusstseinserweiterung" zu kommen; die Versuchung, auf eine selbstgemachte Welt des Scheins und der Illusion hereinzufallen, gibt es immer. Doch Alkohol und immer neue Modedrogen erschließen nicht bislang unbekannte Dimensionen der Wirklichkeit, sondern führen bloß zum Realitätsverlust mit oft schlimmen Folgen.

Dabei gibt es im Innern des Menschen eine Quelle, aus der immer kostbares Wasser sprudelt, das seinem Leben Frische und Kraft gibt. Wir können in unserem Herzen eine Art Stimme vernehmen, die uns etwas in Erinnerung ruft, auf etwas hinweist, die uns ermutigt, anspornt oder bremst, die uns manchmal auch in Trauer versetzt, je nachdem, ob wir auf sie hören oder nicht. In der Stimme des Gewissens können wir die leise Stimme Gottes, die Stimme Christi erahnen. Ja, dieselbe Stimme, die uns im Evangelium angesprochen hat, möchte auch in unserem Herzen mit uns reden. Wenn wir darauf achten, werden wir sie immer besser „heraushören", sie unterscheiden lernen von anderen Stimmen. Wir können vom Morgen bis zum Abend mit Christus im Gespräch sein – über alle Einzelheiten unseres täglichen Lebens. Paulus hat es gewagt, sein Christsein ganz einfach „auf den Punkt" zu bringen: „Nicht mehr ich lebe, sondern Christus lebt in mir. Soweit ich aber jetzt noch in dieser Welt lebe, lebe ich im Glauben an den Sohn Gottes, der mich geliebt und sich für mich hingegeben hat" (Gal 2,20).

Da hat sich jemand den ganzen Tag abgeplagt; er hat gearbeitet oder studiert und nicht locker gelassen, um seinen Teil zu tun; er hat sich vielleicht nur um andere Menschen gekümmert, bei Kranken gewacht, mit Kindern gespielt, das Essen zubereitet … Am Abend, wenn er ein wenig zu sich selbst kommt, spürt er aber nicht nur die Müdigkeit; es kann sein, dass er eine unerwartete Freude in sich hat, und mehr noch, dass er ganz leicht beten kann. Er hat den Eindruck, dass

Gott ihm nahe ist. Da geht ihm auf: Im Grunde habe ich den ganzen Tag für Gott gearbeitet, er war immer bei mir. Es war mir gar nicht bewusst, aber jetzt kann ich umso leichter mit ihm sprechen.

Es scheint fast, als würden alle Weisen der Begegnung mit Gott, mit Jesus darauf hinwirken, dass der dreifaltige Gott mehr und mehr in mir Wohnung nimmt. Wenn wir das Evangelium leben, wenn wir die Eucharistie empfangen, wenn wir die Gemeinschaft mit der Kirche suchen und mit unseren Nächsten das Liebesgebot verwirklichen, dann wird etwas Wunderbares geschehen: „Wenn jemand mich liebt", sagt Jesus, „wird er an meinem Wort festhalten; mein Vater wird ihn lieben, und wir werden zu ihm kommen und bei ihm wohnen" (Joh 14,23). All dies geschieht „im Heiligen Geist": Auch wenn wir wenig von ihm gesprochen haben, so ist er immer und überall mit präsent, als das Band der Einheit zwischen Vater und Sohn, zwischen ihnen und uns. Es ist ein Leben mit dem dreifaltigen Gott.

Wenn er in meinem Inneren lebendig ist, schenkt mir diese Gegenwart die Klarheit, Gottes Willen zu verstehen, und die Kraft, ihn zu tun; sie schenkt tiefen Frieden, eine ganz besondere Freude.

Der Verlust dieser Freude kann ein Signal sein, dass wir irgendwo die Freundschaft mit Gott ausgeblendet haben. Es kann aber auch sein, dass wir meinen, eigentlich alles recht gemacht zu haben und trotzdem in der Stille keinen Kontakt zu Gott finden. Es ist einfach nichts da. Wir sind leer. Vielleicht fühlen wir uns auf eine unbestimmte Art schuldig. In solchen Augenblicken ist Ruhe geboten. Womöglich können wir das eigene Leben doch noch einmal durchgehen, vielleicht auch mit einem Weggefährten oder einem Seelsorger. Und es kann sein, dass wir Punkte finden, wo unsere Liebe zu Gott wachsen und reifen könnte.

Gott will uns nicht halbfertig lassen, er will uns ganz, vollendet (nicht im Sinne eines falschen Perfektionismus; es geht um die Liebe!). So gibt es Zeiten, in denen Gott an uns arbeitet. Er zieht sich scheinbar zurück, damit wir mehr nach ihm suchen, Hunger und Durst nach ihm bekommen. Solche Zeiten können sehr dunkel sein. Wir kennen viele Zeugnisse, auch von Heiligen, über solche Phasen. Der Mensch fühlt sich verlassen, einsam, unverstanden, vielleicht sogar depressiv, vielleicht gerät er wieder in Sünden und Fehler, die er längst überwunden glaubte. Und er merkt, wie sehr der Herr sein Freund geworden war, wie sehr er von ihm lebte.

Er hat nun Gelegenheit, sich als Jesu Freund, als Freund Gottes zu bewähren, ihm die Treue zu halten und sich ihm auszuliefern, diesem Gott, der diese Dunkelheit zulässt, sein Ja zu sagen und ihn anzubeten. Der Mensch kann jetzt lernen, selbstloser für Gott zu leben, Gott um seiner selbst willen zu lieben – ohne die „Gegenleistung" der spürbaren Nähe Gottes, ohne das beruhigende Gefühl innerer Zufriedenheit.

Als Jesus am Kreuz die Verlassenheit durchlebte, als sein Durst nach Gott am größten war, da hat er sich noch einmal ganz Gott überlassen: „Vater, in deine Hände lege ich meinen Geist" (Lk 23,46). Diese Worte können auch heute einen Menschen begleiten und ihm helfen, wenn er Zeiten des Dunkels und des Zweifelns erlebt.

In schwierigen Situationen wollen manche alles hinwerfen, was sie sich vorgenommen haben. Sie hören auf zu beten oder den Gottesdienst zu besuchen. Sie geben vorschnell eine Berufung auf, die sie schon zu leben angefangen haben. Doch gerade in Zeiten des Dunkels gelten ähnliche Regeln, wie sie bei Bergwanderungen zu beachten sind: Wenn du im Nebel bist, bleibe auf dem Weg! Gerade jetzt brauchst du die Markierungen und die Erfahrung der Bergführer. Wenn sich die Nebel lichten, dann magst du in der klaren Übersicht den Kurs und den Weg neu bestimmen.

Es gibt noch einen anderen, schon angedeuteten Grund, warum die Freude an Gott schwinden kann: die Sünde, das Fallen aus der Liebe. Wenn mein Leben nicht mehr Ausdruck meines Verhältnisses zu Gott, meiner Freundschaft mit Jesus ist, dann verblasst diese Beziehung. Ich versperre Gott gewissermaßen den Zugang zu mir. Seine Liebe zu mir bleibt, aber Jesu Stimme in meinem Herzen wird leiser, bis ich sie vielleicht gar nicht mehr höre. Und so schwinden auch die Freude und der innere Friede. Auch jetzt sind Unruhe, Traurigkeit und Trostlosigkeit ein Signal, das von Gott kommt. Gott, der seine Nähe entzieht, hinterlässt eine schmerzliche Leere im Herzen des Menschen. Sie kann sich äußern in Gewissensbissen, in einer unbestimmten Freudlosigkeit, in der man sich hängen lässt und einfach so vor sich hinlebt. Auf einmal wird man mehr von außen gesteuert; es gibt diese oder jene Erleichterung, aber keine echte, tiefe Freude.

Auch wenn es uns so ergeht, sollten wir aufmerksam hinschauen und überlegen, was wir tun können. Vielleicht geht uns auf, wo wir in der Liebe versagt haben. Wir können das Gespräch mit einem Freund oder auch mit einem Pfarrer suchen, dem wir nicht nur unsere Sünden sagen, sondern der uns auch die Vergebung Gottes zuspricht. Paulus nennt einige Ursachen für den Verlust der Freundschaft mit Jesus Christus: Feindschaft, Streit, Eigennutz, Neid und Missgunst, Trink- und Essgelage, ausschweifendes Leben, sexuelle Enthemmtheit, Anbetung falscher Götter (auch „moderner" Götzen!) … (vgl. Gal 5,19–21). All das hat ernste Folgen: „Wer so etwas tut, wird das Reich Gottes nicht erben"

(Gal 5,21). Der Verlust des Reiches Gottes, ja schon die Minderung unserer Beziehung zu Jesus, tut weh und macht traurig. Doch gerade dieser Schmerz – man sollte das wirklich ernst nehmen – ist ein Zeichen der Liebe Gottes zu uns: ein Impuls, ihn neu zu suchen! Wenn wir unsere Situation erkennen und ihm unsere Sünden bekennen, werden wir erfahren, dass Jesus uns annimmt, so wie wir sind: mit unseren Sünden und Fehlern, unseren Schwächen und Grenzen. Und wir werden sehen, wie es uns hier und da gelingt, mit seiner Hilfe allmählich aus der Welt des Um-sich-selber-Kreisens und des Für-sich-selbst-Lebens herauszukommen und neu Fuß zu fassen in jener Dimension, die Jesus „Reich" oder „Herrschaft Gottes" nennt. So kann ausgerechnet eine Erfahrung des eigenen Versagens zu einer noch innigeren Freundschaft mit Jesus führen: Wir können ihm einfach nur danken ...

Wir haben über die Gegenwart Jesu im eigenen Herzen nachgedacht. Wie er in mir, in meinem Innern zugegen ist, lebt er auch im Herzen der Mitmenschen. Mehr oder weniger verborgen, aber er ist da. Wenn ich allein bin, lebe ich im Bewusstsein, dass Jesus in mir lebt. Wenn ich mit anderen Menschen zusammen bin, will ich nicht vergessen, dass er auch in ihnen lebt! Um ihn wahrzunehmen, darf ich nicht auf das fixiert sein, was ich bisher von ihm verstanden habe. Es kann sein, dass ich die Erfahrung in meinem Innern „vergessen" muss, um ihn *neu* kennenzulernen: so, wie er mir im andern begegnet, anders, als ich ihn bisher aus meiner Erfahrung kannte. Wenn wir so miteinander leben, lebt Jesus auch „zwischen" uns; er wird zum „Raum", in dem wir uns bewegen.

So können wir den ganzen Tag über auf vielerlei Weise die Freundschaft mit Jesus pflegen, mit ihm in Verbindung sein. Auf diese Weise werden wir „die Frucht des Geistes" ernten, wie Paulus sie beschrieben hat: „Liebe, Freude, Langmut, Freundlichkeit, Güte, Treue, Sanftmut und Selbstbeherrschung" (Gal 5,22).

Ich möchte zu den Wirkungen der Freundschaft mit Jesus noch die Entschlossenheit, das Engagement, die ganz konkrete Liebe „bis ans Ende, bis zur Vollendung" (vgl. Joh 13,1), den lebenslangen Einsatz für Gott hinzufügen. Das Leben mit ihm ist dynamisch, auf ein ständiges Wachsen und Reifen angelegt. Jesus geht es um das Ganze. Er schenkt uns nicht *etwas*, sondern er schenkt sich uns *ganz*. Und er mutet uns nicht *etwas* zu, sondern *alles*: Er mutet uns zu, so zu lieben, wie er uns geliebt hat und liebt. „Es gibt keine größere Liebe, als wenn einer sein Leben für seine Freunde hingibt" (Joh 15,13); „Wie ich euch geliebt habe, so sollt auch ihr einander lieben" (Joh 13,34).

Die Freundschaft leben
im Glauben, Hoffen, Lieben

Was heißt das eigentlich: „glauben"? Was geschieht, wenn ein Mensch zu glauben anfängt?

Auf dem Hintergrund der Bibel meint Glauben nicht eine rationale Haltung, die sich an immer gleichbleibende, ewige Wahrheiten klammert, sondern eine persönliche, eine ganz und gar dynamische Haltung. Wer glaubt, tritt in eine wachsende Beziehung zu Gott; in ihm findet er sein Gegenüber, seinen absoluten Freund. Und Gott findet in einem Menschen, der glaubt, seinen Partner, dem er sich verschenken kann. Durch den Glauben geschieht also etwas mit dem Menschen – und gewissermaßen auch mit Gott. Glauben hat mit Beziehung zu tun, mit einer Beziehung, die den Menschen immer mehr ergreift und ihn öffnet für eine neue Tiefe des Menschseins. Denn Menschsein umfasst mehr als den schmalen Bereich dessen, was wir durchschauen und mehr oder weniger allein bewältigen können. Im Glauben kommt unser Menschsein zur Entfaltung.

Natürlich kann der Glaube auch so gelebt werden, dass es zu einer Verkürzung des Menschseins kommt, ja dass sogar das Menschsein gefährdet wird. Gerade deshalb müssen wir danach fragen, was es eigentlich heißt, an die Frohe Botschaft, an Christus, an Gott zu glauben.

Im Leben des Apostels Paulus spiegeln sich die verschiedenen Seiten des Glaubens wider. Bei Damaskus hat er eine solche Kehrtwende erlebt, dass er meinte, vorher wie tot gewesen zu sein, jetzt aber das Leben erhalten zu haben (vgl. Apg 9,1–22). Vor dem Ereignis von Damaskus war sein Glaube an Gott eine Art persönlicher Leistung, eine Arbeit, die er selber vollbrachte. Er hatte hart an sich gearbeitet, alles aus sich herausgeholt – und war dabei ein verkrampfter Mensch geworden, geplagt von der Angst, eine Vorschrift oder ein Gesetz übersehen zu haben, von der Sorge, Gott könne mit ihm unzufrieden sein.

Nach dem Ereignis von Damaskus, nach den Worten, die Jesus zu ihm sprach, fiel es ihm wie Schuppen von den Augen. Er erkannte, dass Jesus Christus lebt. Und in Jesu Frage: „Warum verfolgst du mich?" erkannte er, dass Jesus das Gespräch mit ihm suchte, dass er ihn annahm und führen wollte. Sein neuer Glaube war eine Folge des Rufes Christi. Er erkannte darin einen neuen Weg zu Gott, der von einer tiefen Freiheit geprägt war: Vertrauen, Glauben, die Liebe selbst waren jetzt nicht mehr Frucht menschlicher Anstrengung, sondern eine Folge der zuvor erfahrenen Zuwendung Gottes. Paulus nennt das „Gnade". In dieser Gnade bekam er die Kraft, aufzubrechen und unter den Völkern das Evangelium Jesu Christi zu verkünden. Ja, er bekam schließlich die Kraft, sein Leben für Christus hinzugeben. Der Tod für Christus, die Enthauptung in Rom, war vielleicht der deutlichste Ausdruck seines Glaubens.

Fragen wir uns einmal, wann jemand heute sagt: „Ich glaube, ich glaube dir!" Oder, tiefer noch, wo Glauben einfach „geschieht", auch ohne Worte. Denken wir zum Beispiel an ein Kind: Es glaubt der Mutter, weil es die Liebe spürt und Vertrauen hat. Umgekehrt kann auch die Mutter dem Kind sagen und zeigen, dass sie ihm glaubt. Das Kind hat vielleicht etwas Dummes angestellt und kommt nach Hause; eigentlich wollte es nichts Unrechtes tun, aber nun ist es halt passiert. Die Mutter kann ihm das glauben oder nicht; das größte Geschenk, das sie dem Kind machen kann, ist in diesem Fall ihr Vertrauen. Wäre eine Mutter, ein Vater dem Kind gegenüber grundsätzlich misstrauisch, könnte es kein Vertrauen erlernen. Eine Erziehung ohne ein gutes Maß an Vertrauen verbaut mit hoher Wahrscheinlichkeit den Kindern auch den Weg zu einem tiefen Gottesglauben.

Glaube geschieht immer im Bereich des Vertrauens, also dort, wo einer mit dem anderen rechnen kann. Dies ist etwas ganz und gar Menschliches. Die Fähigkeit zu vertrauen unterscheidet uns vom leistungsfähigsten Computer. Wir Menschen können Vertrauen schenken. Wir Menschen könnten ohne Vertrauen gar nicht leben und zusammenleben. Der Mangel an Vertrauen, der vielerlei Ursachen hat, ist ein Drama unserer Zeit.

Freunde, Freundinnen vertrauen einander. Eine sagt der anderen: „Du kannst meinen Wagen haben!" Sie vertraut ihrer Freundin. Ein anderer gibt einem Freund seinen Ersatzhaustürschlüssel. Er weiß, dass er bei ihm gut aufgehoben ist. Oder denken wir an zwei Menschen, die ihr Leben miteinander teilen und heiraten wollen. Die beiden geben ihr Leben gewissermaßen aus der Hand. Einen solchen Schritt ganz (und nicht „auf Probe") zu tun, das ist das Risiko echter Liebe.

Die Beispiele zeigen, dass Glauben und Vertrauen immer auch ein Risiko beinhalten. Wer glaubt, setzt etwas aufs Spiel. An Gott glauben, das bedeutet auch, etwas von mir, von meinem Leben zu riskieren. Wer immer nur ruhig in seinem Sessel sitzen bleibt und gegen alles versichert sein möchte (was übrigens gar nicht geht!), der kann nicht glauben. Glaube schließt immer das Risiko mit ein.

An Gott glauben, das ist ein persönliches Geschehen, in dem wir uns als Person einbringen und uns als Menschen entfalten. Glauben ist immer ein Prozess, Teil einer Geschichte, die zwischen Gott und mir spielt und in der das ganze Leben, „meine" ganze Welt mit drinnen ist. Glauben hat so immer eine ganz persönliche Note. Den einen sprechen diese, den anderen jene Worte Gottes mehr an. Der eine hört bestimmte Gleichnisse Jesu anders und intensiver als seine Nachbarn. Folglich fallen auch die Antworten unterschiedlich aus. So bekommt der Glaube jedes Menschen ein ganz persönliches Gepräge.

Je persönlicher jemand glaubt, desto mehr ist seine Freiheit beteiligt. Der Glaube ist ja Geschenk und freie Antwort des Menschen in einem. Ein „diktierter" Glaube trägt nicht, ja ist eigentlich noch kein Glaube. Niemand darf dem anderen seinen Glauben aufzwingen. Auch Gott tut das nicht. Er wirbt. Und er wartet. Er wartet auf *meine* Antwort, auf meine *freie* Antwort.

Wer einem anderen Menschen Freiheit schenkt, ihn je neu in seine eigene Freiheit und Verantwortung entlässt, wer hören und hinhören kann, wer dem anderen Vertrauen schenkt, der hilft ihm auch, zu seiner persönlichen Glaubensentscheidung zu finden.

Nun ist der Glaube nicht blindes Vertrauen zu etwas mehr oder weniger Beliebigem. Er hat einen bestimmten Inhalt. Wenn ich jemandem glaube, glaube ich auch dem, was die betreffende Person mir sagt. Und Jesus hat mir, hat uns etwas zu sagen. Zum Ja zu Jesus, zum christlichen Glauben, gehört auch das Ja zu seiner Botschaft: Der Glaube beinhaltet auch ein Bekenntnis; er wird dadurch stärker und verbindlicher. So fragte Jesus etwa den Petrus, was die Leute wohl von ihm hielten. Er hörte, dass die einen in ihm Elija sahen und andere Jeremia oder einen der Propheten. Dann fragte Jesus direkt: „Ihr aber, für wen haltet ihr mich?" Petrus antwortet mit einem Bekenntnis: „Du bist der Messias, der Sohn des lebendigen Gottes" (vgl. Mt 16,13–16). An anderer Stelle nennt Petrus den Grund, warum er ganz auf Jesus setzt: Nur Jesus hat „Worte des ewigen Lebens" (Joh 6,68).

Wenn wir die urchristlichen Zeugnisse lesen, merken wir, wie das Betroffensein von Jesus je neu in bestimmten bekenntnishaften Sätzen ausgedrückt wird. Ich denke an das alte Bekenntnis, das sich im Philipperbrief findet: Jesus, so heißt es, „war Gott gleich, hielt aber nicht daran fest, wie Gott zu sein, sondern er entäußerte sich und wurde wie ein Sklave und den Menschen gleich. Sein Leben war das eines Menschen; er erniedrigte sich und war gehorsam bis zum Tod, bis zum Tod am Kreuz. Darum hat ihn Gott über alle erhöht und ihm den Namen verliehen, der größer ist als alle Namen, damit alle im Himmel, auf der Erde und unter der Erde ihr Knie beugen vor dem Namen Jesu und jeder Mund bekennt: ‚Jesus Christus ist der Herr' – zur Ehre Gottes, des Vaters" (Phil 2,6–11). Dieses Lied der Urkirche ist ein Bekenntnis; der Glaube der Gemeinde hat einen ganz bestimmten Bezugspunkt: die Geschichte Jesu Christi, konzentriert in seinem Tod und seiner Auferstehung.

In einer Zeit, in der Neurowissenschaftler, Psychologen, Soziologen, Völkerkundler und Religionswissenschaftler uns vielerlei Erkenntnisse und Informationen liefern, auch über andere Religionen, können Christen mit diesen oder jenen Glaubensinhalten in Schwierigkeiten geraten. Woher sollen wir wissen, dass diese Inhalte unseres Glaubens das Vertrauen rechtfertigen, das oben beschrieben wurde? Viele Menschen kommen da in einen Zwiespalt. Auf der einen Seite haben sie einen Sinn für „das Religiöse", vielleicht verspüren sie sogar den Wunsch, ihr Leben für den Glauben einzusetzen, sich für Christus zu engagieren. Auf der anderen Seite erscheinen ihnen bestimmte Glaubensinhalte zwiespältig und fragwürdig. Mir scheint, dass es in diesem Fall keine bessere Hilfe gibt, als den persönlichen Kontakt aufzunehmen mit dem, der tiefster und letzter Grund unseres Glaubens ist: mit der Person Jesu Christi selbst. Wer sich auf ihn persönlich und vertrauensvoll einlässt, wird durch ihn selbst den Glauben verstehen lernen und einen Zugang zum Bekenntnis der Kirche finden.

Dieses Bekenntnis zielt ja ganz auf das „Christusgeschehen" hin, auf die Geschichte Jesu Christi von seiner Geburt bis zu seinem Tod und seiner Auferstehung – im wachsenden Verstehen dessen, was bzw. wer er wirklich ist. Das Kirchenjahr mit seinen wiederkehrenden Festen stellt uns diese Geschichte ständig vor Augen und verkündet sein Leben und seine Heilstaten.

In den Lesungen der Heiligen Schrift, in der Verkündigung des Evangeliums kommen wir in lebendigen Kontakt mit diesem Jesus. Denken wir an die Geschichte der Begegnung mit dem Auferstandenen am See Tiberias und den „wunderbaren Fischfang" (vgl. Joh 21,1–14): Es ist eine Geschichte, die zum Glauben führen möchte. Oder denken wir an die Erzählung von Jesus, der über das Wasser geht; die Jünger erkennen ihn, und Petrus kommt der Gedanke: Da ist der Herr, da will ich hin! So sagt er: „Herr, wenn du es bist, so befiehl, dass ich auf dem Wasser zu dir komme" (Mt 14,28). Jesus sagt ihm das befreiende Wort: „Komm!", und Petrus steigt aus dem Boot. Er geht jedoch unter, sobald er auf sich selbst schaut. Da reicht ihm der Herr die Hand und hält ihn fest.

Wer glauben will, muss den Schritt aus dem Boot seiner Sicherheit heraus tun; ja, er kann sogar aus seinen eigenen Zweifeln „aussteigen", statt sie absolut zu setzen, sich vom Herrn rufen lassen und sich – auch wenn ihm nicht alles restlos klar geworden ist – vom Herrn an die Hand nehmen lassen.

Glaube als Vertrauen, Glaube als freie Tat des Menschen, Glaube als inhaltliche Zustimmung zur Person Jesu Christi, all das kommt ins Spiel, wenn jemand aus einem Boot aussteigt und sagt: Ja, ich glaube an Jesus Christus. Das Bekenntnis gehört hinein in die Freundschaftsgeschichte mit Jesus, und es festigt sie: Wir glauben ihm, wir sind bei ihm, und er ist bei uns.

Hinzu kommt die Gemeinschaft mit anderen Christen. Auf dem Weg mit dem Herrn finden wir andere, die ebenso mit ihm unterwegs sind. Wir merken, dass wir nicht die ersten auf diesem Weg sind: Andere haben vor uns geglaubt. Aus dem gemeinsamen Weg wird echte Glaubensgemeinschaft. Wir fühlen uns gedrängt, die Erfahrung mit Gott auch anderen Menschen weiterzugeben. Das Neue Testament ist über weite Strecken nichts anderes als Weitergabe der Glaubenserfahrung der ersten Gemeinden; es berichtet über den Glauben Einzelner und über den Glauben der Gemeinde.

Auf diese Weise wächst in einem Menschen die Wirklichkeit des Reiches Gottes. Damit verbunden ist eine neue Beziehung zu allen Menschen: Der Glaube drängt zur Offenheit, er drängt den Einzelnen und die Gemeinden hin zu den Menschen. Unser Christsein kann sich nicht auf Gottesdienste beschränken; wir feiern Gottesdienst, weil Gott unser Ursprung ist und weil es uns zum Lob Gottes drängt. Aber ebenso drängt es uns zu den Menschen, zur konkreten Liebe. Der Glaube ist die Ursache und der Ausgangspunkt für eine Erneuerung des Menschen und der Menschheit.

Wenn wir uns noch einmal fragen, was Glauben heißt, können wir sagen: Glaube ist die Übergabe der eigenen Existenz an Gott und gleichzeitig die Übergabe der eigenen Existenz an die Menschen – in der Gemeinschaft mit anderen „Weggefährten Jesu".

Im hoffen

In vielen Kirchen befindet sich eine Statue von Maria, der Mutter Jesu. Sie wird oft als „schmerzhafte Mutter" dargestellt: Sie sitzt auf einem Thron und hält auf ihrem Schoß den toten Sohn, der vom Kreuz abgenommen wurde. Bei einer Plastik, die mich lange innerlich beschäftigte, kam mir Maria wie eine Nische vor: eine Nische, die Platz hatte für den toten Sohn. Ist das nicht etwas ungeheuer Tiefes, dass der Mensch offen sein kann für andere, dass er Platz hat für einen anderen?

Maria schien sich in dieser Plastik mit ihrem Leib, mit ihrer Seele auf dieses Eine zu konzentrieren: auf den toten Jesus, den sie auf dem Schoß hatte. Sie kam mir geöffnet vor für das Leid, für den Schmerz, für den Tod. Wo andere im Leid verstummen, passiv, ohne Hoffnung, wo andere sich verschließen, da öffnet sich diese Frau. Sie spricht durch ihre Haltung, ihre Offenheit. Maria ist eine Gestalt der Hoffnung und Erwartung. Sie ist nicht fixiert auf die Jetzt-Zeit, sie begnügt sich nicht mit dem, was ist, sie streckt sich aus nach dem, was aussteht.

Jeder, der wie Maria mit Gott in Berührung kommt, wird ungeheuer weit geöffnet. Gott holt den Menschen heraus aus seiner Enge und Verschlossenheit. In der Freundschaft mit Jesus lernt der Mensch zu hoffen.

War unser Leben manches Mal fixiert auf Geldverdienen, auf Beruf, Karriere, Gesundheit oder Familie, waren wir fixiert auf die Erde, so erhält es in der Freundschaft mit Jesus eine neue Dimension und Dynamik. Wer die Erfahrung dieser Freundschaft gemacht hat, begnügt sich nicht mehr mit der Materie, mit dem Leben, wie es ist. Er steigt ein in den Bereich Gottes, er lässt sich von Gott eine Zukunft schenken, die er bis dahin nur ahnen konnte.

Eine britische Umfrage erbrachte kürzlich das auf den ersten Blick erstaunliche Resultat, dass die überwiegende Mehrzahl gerade der älteren Menschen gar nicht mehr ewig leben will. Leben *wollen*, Zukunft *wollen*, das setzt die Hoffnung voraus, dass etwas Lohnendes, etwas Schönes, etwas Lebenswertes auf uns wartet. Die Freundschaft mit Jesus, der Blick auf Gott gibt uns diese hoffnungsvolle „Lebens-Perspektive" – selbst da, wo das rein menschliche Hoffnungspotenzial erschöpft ist.

Marias Hoffnung war im Blick auf den toten Sohn am Ende; aber im Blick auf Gott, den Vater Jesu Christi und die Hoffnung Israels, konnte sie trotz allem weiter hoffen – auch für Jesus, ihren toten Sohn. Auch für seine Jüngerinnen und Jünger, für die Kirche. Wohl deshalb fühlen sich viele von ihr angezogen; Maria kann uns helfen, zusammen mit ihr den Verheißungen Gottes zu trauen und alles von ihm zu erwarten.

Gott ist der Ursprung der Hoffnung für den Menschen. Je mehr ein Mensch im Glauben Gott vertraut, desto mehr kann er hoffen. In der Auferweckung Jesu hat sich nicht nur die Hoffnung Jesu selbst erfüllt; es ist auch für uns eine neue und endgültige Dimension des Lebens aufgebrochen. Wer einem Christen begegnet, begegnet einem Hoffenden. Der Christ kann deshalb Mut machen und Freude schenken; er kann wie Maria das Leid des Nächsten tragen. Christliche Gemeinden sind berufen, Stätten der Hoffnung zu sein, wo sich Zukunft erschließt, wo man einen Grund hat, den Verheißungen Gottes zu glauben. Christen können auch dort stehen und ausharren, wo das Nichts ist. Denn sie wissen, dass Christus dieses Nichts überwunden hat.

Kein Wort ist zerbrechlicher als das Wort Liebe. Es gibt Menschen, die es am liebsten aus dem Wortschatz verbannen würden, aber sie finden doch kein besseres Wort. So ist es mit allen menschlichen Worten: Sie können in den Schmutz getreten oder zerredet werden; der Kontext entscheidet über die Worte.

Selbst das Wort Gottes kann missverstanden und fehlgedeutet werden. In Jesus aber ist es Mensch geworden und hat sich auf neue Weise verständlich gemacht. Und im Kontext des Lebens Jesu verstehen wir auch, was es mit dem Wort „Liebe" auf sich hat. Es ist nichts Sentimentales, es ist mehr als ein Gefühl; es ist eine konkrete Haltung: Jesus hat geliebt, indem er für andere da war, indem er sich hingab, damit andere dadurch leben können. Er hat sich nicht geschont. Er war da für Kranke und Arme, für Verstoßene, für Frauen und Männer am Rand. Er war auch zu seinen Gegnern gut. Selbst sein Zorn wollte helfen, dass das Gegenüber zur Wahrheit, zum Ursprung des Seins, der Gott ist, findet. Jesus lebte ganz aus der Liebe, aus der Verbindung zum Vater – und er gab diese Liebe weiter: in Form von heilenden Worten, von Zeit, von Verständnis, Brot, am Ende in der Hingabe seines eigenen Lebens, damit andere leben konnten. Liebe heißt für ihn: Leben geben, sein eigenes Leben geben.

Der Gegensatz solcher Liebe ist das Haben-Wollen, das bloße Nehmen: für mich! Dann bezieht man alles auf sich selbst. Was einem nicht dient, ist unnütz. Immer begleiten einen dann Fragen wie: *Was habe ich davon? Was bringt es mir? Lohnt sich das für mich?* Das Eigeninteresse leitet viele bei jeder Arbeit, bei jeder Aktivität, in jeder Entscheidung. Vielleicht versucht jemand sogar, Gott in diesem egozentrischen Lebensgefüge zu vereinnahmen, nach dem Motto: *Wenn er mir hilft, bete ich zu ihm. Wenn's mir etwas bringt, gehe ich zum Gottesdienst. Auf jeden Fall: Gut ist, was mir Spaß macht!*

Doch die Liebe setzt andere Maßstäbe. Gut ist das, wodurch ich für dich da sein kann. Ich will bei dir sein – einfach deshalb, weil ich dich liebe. Denn das Ziel eines Menschen, der liebt, ist der andere. Je mehr er tun kann, was dem anderen dient, umso mehr wird er froh und zufrieden. Gut ist, was die echte, tiefe Liebe unterstützt. Hier kommt eine Liebe in den Blick, die frei ist und frei lässt, die sich nicht in Erwartungen an den anderen erschöpft.

Natürlich ist das im Einzelfall nicht immer so einfach. Gerade die echte, tiefe Liebe beinhaltet unter Umständen auch ein Nein. Zum Beispiel wäre es widersinnig, krasses Fehlverhalten bei einem anderen aus „Liebe" zu decken. Das wäre ja faktisch ein Nein zu Gott, dem Ursprung der Liebe. Wir können, wir sollten öfter um den

Heiligen Geist bitten, um seine Gaben, um die Gabe der Unterscheidung. Und manchmal hilft es auch, sich mit anderen zu besprechen, sich auszutauschen, um zu verstehen, was wohl in dieser oder jener Situation die größere Liebe ist, was wohl im Sinne Gottes ist.

Auf einen häufigen und durchaus berechtigten Einwand ist noch kurz einzugehen: Immer nur geben, sich nur hingeben, aufopfern – das geht doch nicht! Tatsächlich begegnen einem manchmal Menschen, die „immer nur lieben" wollten und nun ausgebrannt, müde, vielleicht sogar bitter geworden sind. Dass Lieben seinen Preis hat, ist nicht zu leugnen. Doch wenn wir merken, dass jemand (vielleicht wir selbst?) sich als Opfer zu fühlen beginnt, dass er nicht mehr zur Freude des Liebens durchstößt, dann ist das ein Alarmzeichen. Da gilt es einzuhalten aus echter gottgewollter Eigenliebe. Gott ist ein Freund des Lebens; er liebt die „fröhlichen Geber" (vgl. 2 Kor 9,7). Erinnern wir uns immer wieder an die Quellen, aus denen unsere Beziehung zu Gott schöpfen kann, suchen wir die „Orte" auf, wo wir bei Jesus, unserem Freund, Kraft und Erholung, Frieden und Ruhe finden.

Ein weiterer Aspekt ist in diesem Zusammenhang wichtig, von dem wir immer wieder gesprochen haben: die Gemeinschaft. Die Freundschaft mit Jesus führt zu anderen Weggefährten. Wo Liebe echt ist, drängt sie zur Gegenseitigkeit; sie wird zu einem Geben und Nehmen, das untereinander verbindet. Ein jeder, eine jede ist mitverantwortlich für die anderen. Die Liebe fragt wie von selbst: *Wie geht es wohl dem anderen? Wer braucht jetzt meine besondere Aufmerksamkeit? Wem kann ich etwas abnehmen?* Sie ist auch sensibel dafür, dass jemand am Ende ist oder gar ausgebrannt. Dieser achtsame Blick füreinander ist oft die Rettung in solchen Situationen. Wie gut tut es, einem Menschen zu begegnen, der einfach gibt, der wie selbstverständlich trägt und mitträgt, der sich unprätentiös dem anderen schenkt. Eine solche Liebe hätte man früher als „jungfräulich" bezeichnet; zu einer solchen Liebe lädt uns Christus ein, ob wir ehelos leben oder verheiratet sind. Die ganz konkrete gegenseitige Liebe ist das Merkmal der Jüngerinnen und Jünger Jesu.

ANFANGEN – EIN GÖTTLICHES WORT!

Jesus traut uns, wo immer wir stehen, einen neuen Anfang zu. Wie oft hat er Menschen, die am Ende ihrer Kräfte oder gescheitert waren, zu verstehen gegeben: „Du kannst neu anfangen!"

Anfang ist ein göttliches Wort. Die Welt, die vorher nicht war, ist auf einmal da: „Im Anfang

schuf Gott den Himmel und die Erde" (Gen 1,1).
Gott spricht – und es geschieht Neues. Auch mit
Menschen, die am Boden zerstört sind, kann Gott
etwas anfangen: Er kann ihnen den Anfang der
Freude schenken, den Impuls, wieder aufzuste-
hen, sich einem anderen zuzuwenden, trotz allem neu Ja zum Leben zu sagen. Denn Gott möchte, dass der Mensch lebt; wo Gott ist, brechen
immer neue Anfänge auf. Sogar, und das ist der
Ernstfall, über den Tod hinaus! Auch dann, wenn
jemandem alle Kraft des Vertrauens genommen
worden ist. Auch dann, wenn einer so in die eigene Welt, in seine Probleme und Aufgaben eingesponnen ist, dass er nicht herauskommt. Da bedient sich Gott oft Menschen, die mit ihnen
gehen. Menschen, durch die Jesus auch heute
sagt: Komm! Nur Mut! Du kannst, du sollst wei-
terleben! Komm, ich verurteile dich nicht. Du
hast dich vergeblich bemüht? Versuch es noch
einmal! Hab keine Angst, ich bin es! Komm
herunter, ich muss heute bei dir zu Gast sein ...
Jesus ist einer, der auch „Tote" zu neuem Leben
erwecken kann. In den Evangelien werden viele
Beispiele erzählt, wie Menschen aufleben, einen
neuen Dreh finden. Denken wir nur an Zachäus,
eingesponnen in seinen Besitz und seine Hab-
gier; nun fängt er an zu teilen (vgl. Lk 19,2) ...

Vergleichbare Beispiele finden wir auch heute.
Ein Mann zum Beispiel, der über andere nur ver-

ächtlich dachte, hat begonnen, auch das Positive zu sehen und die anderen hochzuschätzen. So manche Ehepartner haben doch wieder einen Weg zueinander gefunden; Kinder fangen an, für andere da zu sein; Jugendliche versuchen, zu ihren Eltern ein neues Verhältnis aufzubauen …

In der Nähe Gottes, in der Begegnung mit Jesus wird einem bewusst: Ich kann neu anfangen, ich brauche nicht zu resignieren. Egal, was andere über mich denken. Ich brauche nicht zu schimpfen auf die schlechte Gesellschaft, die nur falsche Hoffnungen weckt und mich links liegen lässt, wenn ich nicht mehr gebraucht werde. Ich brauche nicht zu verzweifeln an diesen und jenen Missständen, die mir zu schaffen machen (auch dies darf und soll ich mir und anderen eingestehen!) – auch in der Kirche, auch in meiner Gemeinde, auch in meinem Freundeskreis. Ich kann immer neue Anfänge setzen.

Wer den Weg der Freundschaft mit Jesus geht, kann neu beginnen – immer. Auch jetzt. Er kann selber anfangen und kleine und große Neuanfänge anbahnen. Am besten zusammen mit anderen – in der Gemeinschaft mit Jesus!

Herbert Lauenroth
Meine Freundschaft mit Christus
Ein persönliches Nachwort

Ich bin Wilfried Hagemann, dem langjährigen Freund, dankbar für das vorliegende Büchlein, diese erneute, inspirierende Anstiftung zur Weggemeinschaft mit Christus. Die Lektüre hat vielfältige Erinnerungen an meine persönliche Geschichte mit Jesus geweckt, und so möchte ich – anstelle eines eigentlichen Nachworts, um das ich gebeten wurde – von einer, *meiner* „Freundschaft mit Christus" erzählen, in der Bereitschaft, „jedem Rede und Antwort zu stehen, der nach der Hoffnung fragt, die euch erfüllt" (1 Petr 3,15).

VERHEISSUNG

Ich erinnere mich an eine nicht unkitschige Kindergeschichte aus dem katholischen Spanien, die mich von klein auf begleitet hat: „Marcelino pan y vino". Marcelino ist als Findelkind in einem Kloster aufgewachsen. Eines Tages wird er von den Mönchen gesucht und schließlich in seinem Versteck auf dem Dachboden gefunden: Dort liegt er – selig entschlafen – auf dem Schoß Jesu, gehalten von den Armen der lebensgroßen Holzfigur, die von dem großen, wuchtigen Kreuz herabgestiegen ist: ein an Michelangelos „Pietà" erinnerndes Sinnbild der Geborgenheit, des Gehalten-Seins, der Freundschaft mit Jesus; eine Pietà mit vertauschten Rollen, bei der nun nicht mehr Jesus auf dem Schoß seiner Mutter, sondern der kleine Marcelino auf dem Schoß Jesu ruht. Seit mir diese Geschichte – als Vorbereitung auf die Erstkommunion – begegnet war, wünschte ich mir ein solches Abenteuer der Freundschaft mit Jesus. Wie Marcelino wollte ich für diesen geheimnisvollen, fremden Freund da sein, ihm zu essen und zu trinken geben, mit ihm vertrauensvoll sprechen, spielen, seine Nähe als Mensch suchen und dabei doch nie vergessen, dass es sich um die Nähe eines Gottes handelt. Zugleich führte mich die Geschichte von Marcelino – mit dem suggestiv eucharistischen Zusatz *Pan y Vino* (Brot und Wein) – zu einem ersten, durchaus originellen Verständnis des Sakraments der Mahlgemeinschaft mit Jesus: So wie Jesus uns zur Speise wird, so nähren auch wir ihn.

Viele Jahre später berührte mich ein ähnliches Wort von Chiara Lubich. Sie sprach von ihrem Wunsch, Jesus zu trösten, der in den – zumeist leeren – Kirchen der Welt mit seinem leibhaftigen Freundschaftsangebot (im Tabernakel) auf uns wartet. Dieser Gedanke erschien mir zunächst befremdlich, dann aber schlicht grandios: Wir gehen zu Jesus, um ihm nahe zu sein. Und erfahren dabei: Er ist uns dankbar dafür. Allein die Aussicht, einen Gott trösten zu können, schien mir kühn und tröstlich in einem. Wir bedürfen der Gegenwart Gottes, daran besteht kein Zweifel; zugleich aber gehört es zum Charme und Charisma gelebter Freundschaft, der Freundschaft mit Christus, dass auch er unserer Gegenwart bedarf!

Begegnung

An einem heißen Sommertag kommen wir müde und erschöpft vom Bahnhof im Quartier an; im Eingangsbereich erwartet uns bereits D. und bietet jedem ein Glas Cola an. Eine einfache Geste, die sich mir gleichwohl mit nahezu fotografischer Präzision eingeprägt hat. Was mich damals wie heute berührt, ist diese in ihrer Alltäglichkeit feierliche Geste einer Zuwendung. Als wir an jenem gemeinsamen Wochenende miteinander ins Gespräch kommen, wird mir deutlich: D. lebt aus einer vertrauensvollen Freundschaft mit Jesus. Im Laufe unserer Unterredung fühle ich mich erkannt, angenommen und bejaht – vielleicht wie nie zuvor. Ich werde schließlich auch meiner uneingestandenen Verletzungen und Sehnsüchte gewahr. Ich bin überrascht, zunächst auch ein wenig irritiert: Hier kommt mir tatsächlich jemand näher als ich mir selbst. Bald aber weicht die anfängliche Verunsicherung dem Wunsch, mich von diesem Gegenüber, das mir vor kurzem noch vollkommen fremd gewesen ist, herausfordern zu lassen: mein Leben zu leben, zu werden, was ich bin. Das ist möglich, weil der – wahre – Freund den Freund in sein Ureigenes freisetzt. Dafür bin ich D. auch heute noch dankbar.

Weitung

Mai 1998: Ich besuche einige Freunde in Moskau. Mich beeindruckt der einschüchternde Kontrast zwischen dem vergleichsweise unauffälligen Wohnblock, in dem die kleine christliche Gemeinschaft lebt, und dem riesigen Stalin-Hochhaus, Sitz des Innenministeriums der Russischen Föderation, dessen imposante, von Flakscheinwerfern angestrahlte Fassade alles gebieterisch überragt. Beim Abendessen mit Jozko, Giovanni, Eduardo, Anatol und Sergej sprechen wir über ihr Leben als Christen in dieser an ihre Abgründe und Verheißungen verlorenen Millionenstadt; dabei fällt mein Blick auf eine Reproduktion der berühmten Dreifaltigkeitsikone von Andrei Rubljow. Ich habe das Bild schon häufig gesehen, aber jetzt berührt es mich in besonderer Weise, denn es scheint mir das Ur-Bild jener Gemeinschaft der Freunde zu sein. In der Schlichtheit des gemeinsamen Mahles, der offenen Haltung, mit der sich die drei Männer – freundschaftlich – in den Blick nehmen, wird die Lebens- und Liebesgemeinschaft der drei göttlichen Personen ergreifend dargestellt.

Im Zusammenspiel der Moskauer Freunde, in ihren Gesten wechselseitiger Zuneigung und Verständigung gestaltet sich an jenem Maiabend ein Zwischenraum, in dem Jesus zum Mit-Bewohner, eigentlich aber zur alles inspirierenden gestalterischen Mitte wird. Er stiftet Freundschaft mit den Einzelnen und unter ihnen. Diese Erfahrung, dieses Milieu der Freundschaft kündet von der Größe des Kleinen. Von der umgestaltenden Kraft einer *ecclesiola*, jener „Hauskirche", als die ich damals diese Fokolargemeinschaft in Moskau erlebt habe, einer verschwindenden, zugleich aber überaus kreativen Minderheit, die die immer trägen, zumeist „schweigenden Mehrheiten" durchsäuert, fermentiert. Denn in Augenblicken wie diesen, beim gemeinsamen Abendessen geschieht schon das Eigentliche und Entscheidende: Hier wird die Freundschaft mit Christus gefeiert und bezeugt. Im Herzen von Moskau.

In Dietrich Bonhoeffers Aufzeichnungen aus der Haft vom 18. Juli 1944 lese ich:

„‚Könnt ihr nicht eine Stunde mit mir wachen?‘, fragt Jesus in Gethsemane. Das ist die Umkehrung von allem, was der religiöse Mensch von Gott erwartet. Der Mensch wird aufgerufen, das Leiden Gottes an der gottlosen Welt mitzuleiden."

In dieser Aufforderung Jesu, dieser flehentlichen Bitte, die auch einen Tadel erteilt, in diesem Eingeständnis der Schwäche, Bedürftigkeit und Todesangst liegt für mich der Schlüssel zu einer lebenslangen Freundschaft mit Christus. Der Mensch gewordene Gott bedarf unserer Freundschaft, bedarf unserer geistlichen, emotionalen und auch physischen Präsenz und Nähe in diesem Augenblick quälender Erwartung, größter Zweifel, aufsteigender Verzagtheit, der Anmutung einer nächtlichen Verlorenheit; er bedarf dieser Präsenz, die uns als seine Freunde ausweist. Die sentimentale Anmutung der kleinen spanischen Geschichte von einer Freundschaft mit Jesus, in der wir ihm – wie Marcelino – *Pan y Vino*, Brot und Wein, reichen und also den Geber aller Gaben beschenken, findet hier ihre erwachsene, dramatisch gesteigerte, existenziell bedeutsame Lesart. Jesus selbst bittet uns um die Gabe unserer Freundschaft, bittet uns darum, ihm Freund zu sein. „Christen stehen bei Gott in seinem Leiden", heißt es weiter bei Bonhoeffer, „das unterscheidet Christen von Heiden." Freundschaft bedeutet Leidenschaft, schöpferisches Mit-Leiden, Zusammenhalt in der Erwartung des Kommenden. Es gilt, immer wieder neu an der Seite Jesu den Aufbruch zu wagen – in die Zukunft Gottes. Nur so kann Freundschaft mit Christus, ja Freundschaft überhaupt, gelingen.